中等职业教育“十二五”规划课程改革创新示范教材
汽车运用与维修一体化教学通用教材

QICHEDIPAN SHIXUNZHIDAOSHU

汽车底盘实训指导书

主编 叶 健

電子工業出版社
Publishing House of Electronics Industry
北京·BEIJING

内容简介

本书是为汽车专业编写的校本实训教材，在模式设计上，以项目为载体，以任务为驱动，体现“做中学，做中教”的职教特色；在内容设计上，注重应用能力培养，同时探讨分层教学活动，按照A1、A2、A3三个不同学生层次进行探讨性的内容取舍，以适应不同层次学生对教学的要求。

本书内容包括汽车维修基本知识、手动变速器的拆装与检修、离合器的检查与调整、制动系的检查与修理、驱动桥的拆装与检修、行驶系的拆装与检修、转向系的拆装与检修等7个大项目，26个分项目融入在每个“教、学、做”一体化的项目中。

本书可作为中等职业学校交通运输类专业实训教材，也可作为汽车培训机构与维修技术人员的参考用书。

图书在版编目（CIP）数据

汽车底盘实训指导书 / 叶健主编. —北京：电子工业出版社，2014.6
ISBN 978-7-121-23258-9

Ⅰ. ①汽… Ⅱ. ①叶… Ⅲ. ①汽车－底盘－中等专业学校－教学参考资料 Ⅳ. ①U472.41

中国版本图书馆CIP数据核字（2014）第103746号

策划编辑：祁玉芹
责任编辑：鄂卫华
印　　刷：中国电影出版社印刷厂
装　　订：中国电影出版社印刷厂
出版发行：电子工业出版社
　　　　　北京市海淀区万寿路173信箱　　邮编：100036
开　　本：787×1092　1/16　印张：8.5　字数：207千字
版　　次：2014年6月第1版
印　　次：2014年7月第2次印刷
定　　价：25.00元

凡所购买电子工业出版社图书有缺损问题，请向购买书店调换。若书店售缺，请与本社发行部联系，联系及邮购电话：（010）88254888。

质量投诉请发邮件至zlts@phei.com.cn，盗版侵权举报请发邮件至dbqq@phei.com.cn。

服务热线：（010）88258888。

编委会名单

前 言

依据教育部、财政部、人力资源和社会保障部对中职示范校课程建设的精神要求，本着适应岗位需要，突出能力培养，体现“做中学，做中教”的职教特色，在深入汽车行业调查研究的基础上，我们编写了《汽车底盘实训指导书》校本实训教材。

本书以项目操作训练为主线，以知识学习为基础，以提高学生综合职业能力和服务终身发展为目标。在本书的编写中，我们力求突出以下特色。

（1）在编写理念上，尽量贴近中职学生的认知规律，采用大量的图形和表格等直观表达方式，注重“做中学、做中教”，教、学、做三合一，凸显理论实践一体化的职教特色。

（2） 在结构设置上，把“知识目标“和”技能目标“放在每个项目开端，使读者对本项目的重点技能和知识点一目了然；把“项目操作”作为重点任务，着重对学生进行技能培养和训练；每个项目之后均有小结和思考练习，这样既巩固了所学知识，又便于学生对各项目内容进行梳理和提炼。

（3）本书旨在探讨学生的分层次教学活动，按照A1、A2、A3三个不同学生层次进行探讨性的内容取舍，以适应不同层次学生对教学的要求。

（4）同时在任务评价部分，创新了职业教育评价考核模式，重在培养学生良好的职业习惯和自尊自爱、团结协作的精神。

本书由广西河池市职业教育中心学校的叶健任主编并统稿，柯裕伟、罗泽飞、覃照锦、杨胜任副主编，参编人员有韦竟章、覃宝师、莫敬宇、黄万、韦桂香、刘剑、王进东、周艳玲、罗宇、张智、莫胜欢、黄埔山、黄燎、韦玲珑、韦祖念等。

由于编者水平有限，教材中难免存在不足之处，敬请读者批评指正。

编者

2014年4月

目　录

项目一　汽车维修基本知识

一、情景导入

1. 情境描述

一台五菱之光微型车来厂大修，车体上有多处凹痕，应如何修理？修理凹痕的方法有哪几种？车体采用何种修理方法？

2. 问诊信息

问诊信息如表1-1所列。

表1-1　问诊信息表

客户姓名		车型及年款	
驾驶员姓名		车架号	
车辆入厂日期		发动机型号	
牌照号码		里程表读数	

二、实训要求

（1）时间要求：建议8学时。

（2）质量要求：在满足厂家的生产规范及质量要求前提下，能够熟练地快速地诊断与排除故障。

（3）安全要求：严格按照安全操作规程进行项目作业。

（4）文明要求：自觉按照文明生产规则进行项目作业。

（5）环保要求：努力按照环境保护要求进行项目作业。

三、技能及素养目标

（1）能合理选择并熟练使用各种相关维修工具；

（2）具有安全操作和环保意识；

（3）能够正确使用测量工具进行测量和修复零部件；

（4）能够充分理解汽车维修制度、内容及原则；

（5）规范使用机油压力表，防止机油泄漏，一旦泄漏，要及时清洁。

四、实训准备

每工位4～8人，工位配置要求：五菱之光微型车整车、工具车、零件车、举升机、常用工具、机油压力表、维修手册等。

1. 场地准备

※ 场地准备由实际情况确定。

2. 车辆与工具及设备准备

（1） 车辆：五菱之光微型车。

（2） 普通工具：组合工具、开口扳手、梅花扳手、套筒扳手、活动扳手、扭力扳手、内六角扳手、一字形螺钉旋具、十字槽螺钉旋具、钳子、锤子、铜棒等。

（3） 专用工具：拆装工具组件、压力机、手柄组件、火花塞套筒、活塞环拆装钳、卡环拆装钳、气门拆装钳、拉器、变速器和分动器轴承拆装工具、前悬架衬套成套组件、变速器后轴承拆装工具、差速器预紧接合器、前轮毂内轴承内圈拆装工具。

（4） 检测工具：钢板尺、卡钳、游标卡尺、外径千分尺、百分表、量缸表、厚薄规、测径规、测隙规、螺旋测微器。

3. 相关耗材准备

齿轮油、滑动滚珠轴承、油封、通用润滑脂、滚锥轴承、密封胶（五菱之光微型车原厂的黏合剂或同等产品）、O形密封圈、抹布、黏合剂、机油、手套等。

4. 作业前准备工作

（1） 汽车进入工位前，将工位清理干净，准备好相关的器材。

（2） 将汽车停驻在举升机中央位置。

五、教学组织

1. 教学组织形式

本课程为“工艺化”实训课，实训教师1名，学生24名，实训室共6个实训工位，按照每6人1个工位进行编组。

2. 学生的站位分工和要求

学生按规定的工位站立，两名学生一组，轮流进行，按教师的指令分工协作、实行角色轮换制进行操作。

3. 实训教师职责

播放教学视频，并讲解实训任务的操作步骤和相关注意事项；做好学生角色的分工。下达操作口令、巡视、检查、指导和纠正学生操作中的错误；课堂总结；组织学生对实训场地及设备进行清洁、整理。

4. 学生职责

认真观看教学视频；完成教师布置的任务；做好课后的清洁、整理工作。

六、基本操作项目

基本项目：正确使用工具和掌握汽车维护、维修的安全常识。

（一）正确使用汽车维修工具

1. 常用手工具

（1） 普通扳手。

① 开口扳手：其开口的中心平面和本体中心平面成15°角。

规格：以两端开口的宽度*S*（mm）来表示的，如8～10、12～14等；通常是成套装备，有8件一套、10件一套等；通常用45号、50号钢锻造，并经热处理。

开口扳手的外形结构如图1-1所示。

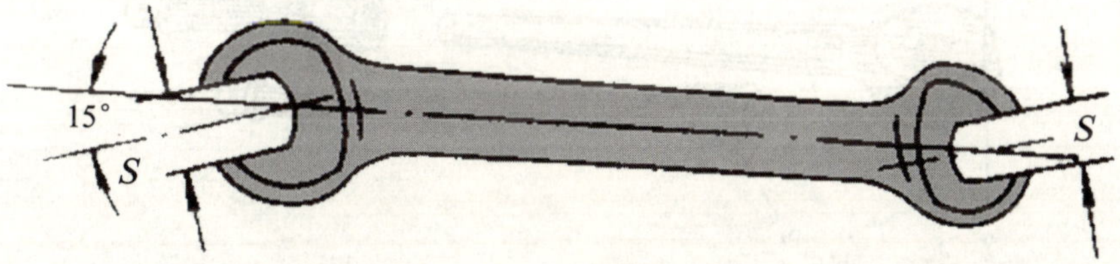

图1-1 开口扳手的外形结构

② 梅花扳手。

其两端是环状的，环的内孔由两个正六边形互相同心错转30°而成。

规格：以闭口尺寸*S*（mm）来表示，如8～10、12～14等；通常是成套装备，有8件一套、10件一套等；通常用45号钢或铬钢40Cr锻造，并经热处理。

梅花扳手的外形结构如图1-2所示。

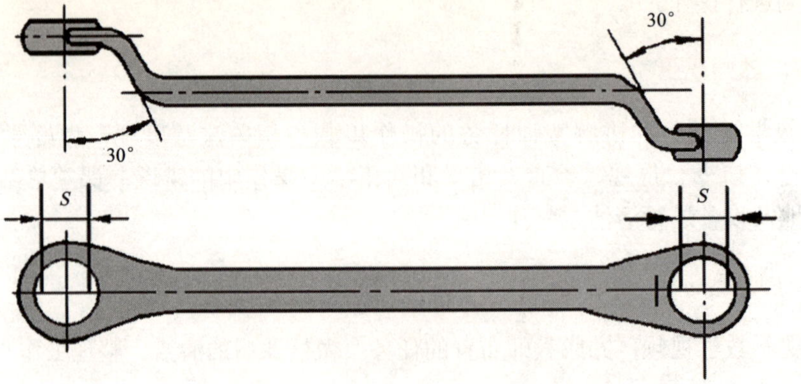

图1-2 梅花扳手的外形结构

③ 套筒扳手。

适用于拆装位置狭窄或需要一定扭矩的螺栓或螺母。常用规格：10～32mm。

套筒扳手的结构组成如图1-3所示。

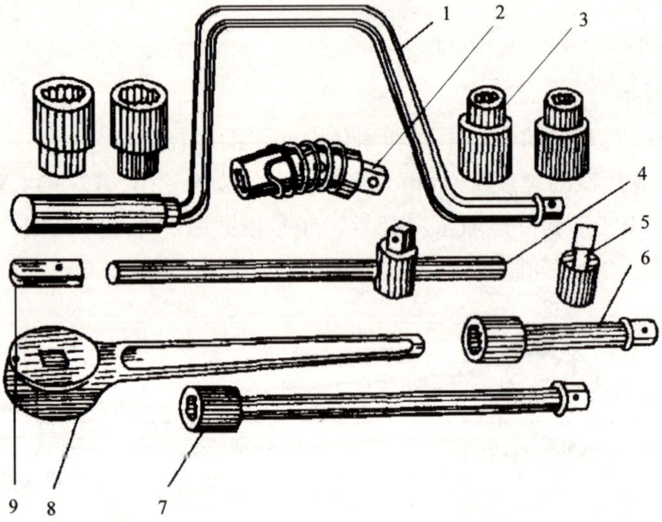

1—快速摇柄 2—万向接头 3—套筒头 4—滑头手柄 5—旋具接头

6—短接杆 7—长接杆 8—棘轮手柄 9—直接杆

图1-3 套筒扳手的结构组成

④ 活动扳手。

其开口尺寸能在一定的范围内任意调整，使用场合与开口扳手相同，但活动扳手操作起来不太灵活。

其规格是以最大开口宽度（mm）来表示的，常用有150mm、300mm等，通常是由碳素钢（T）或铬钢（Cr）制成的。

活动扳手的结构组成如图1-4所示。

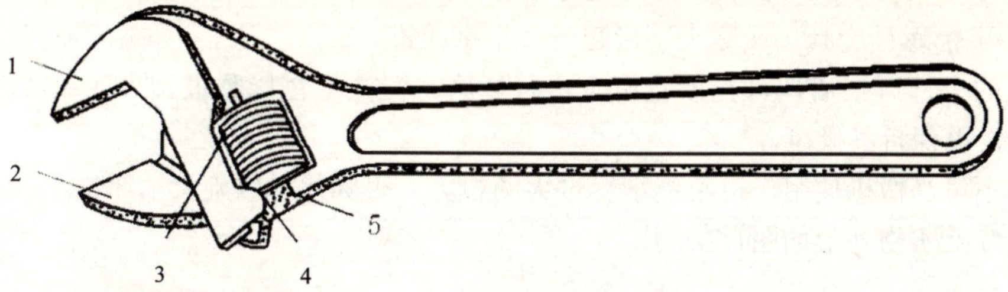

1—扳手体　2—活动扳口　3—蜗轮　4—蜗杆　5—蜗杆轴

图1-4 活动扳手的结构组成

⑤ 扭力扳手。

它是一种可读出所施扭矩大小的专用工具。

其规格是以最大可测扭矩来划分的，常用的有294N·m、490N·m两种。扭力扳手除用来控制螺纹件旋紧力矩外，还可以用来测量旋转件的启动转矩，以检查配合、装配情况，如492Q发动机曲轴启动转矩应不大于19.6N·m。

扭力扳手的外形结构如图1-5所示。

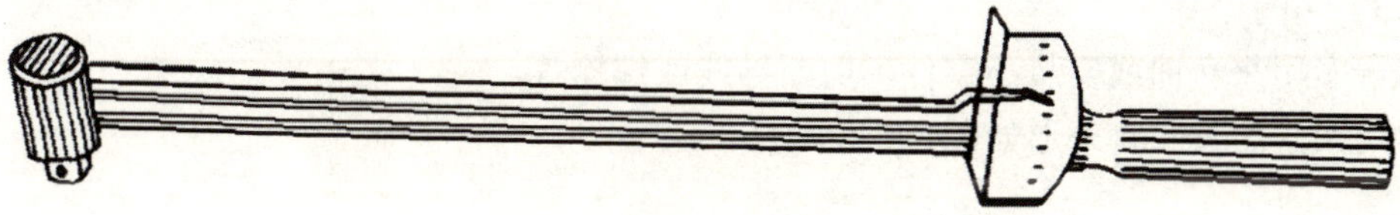

图1-5 扭力扳手的外形结构

⑥ 内六角扳手。

用来拆装内六角螺栓（螺塞）用的，规格以六角形对边尺寸*S*表示，有3～27mm尺寸的13种，汽车维修作业中使用成套内六角扳手拆装M4～M30的内六角螺栓。

内六角扳手的实物外形如图1-6所示。

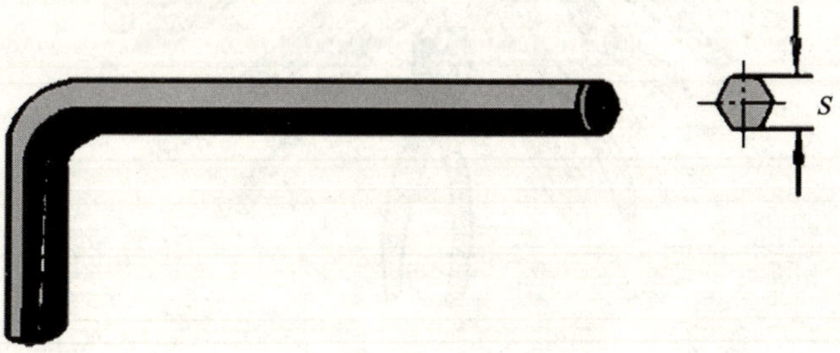

图1-6 内六角扳手的实物外形

（2） 螺钉旋具。

螺钉旋具俗称螺丝刀，主要用于旋松或旋紧有槽螺钉。

① 一字形螺钉旋具，又称一字形起子、平口改锥。

② 十字槽螺钉旋具，又称十字形起子、十字改锥。

旋具的尖部磨损后，可在砂轮机上进行修磨，但注意在修磨过程中应经常放入水中进行淬火，以保持其硬度。

旋具不可当撬棒使用，也不能承受过大的扭力，否则易导致旋具损坏。

螺钉旋具实物外形如图1-7所示。

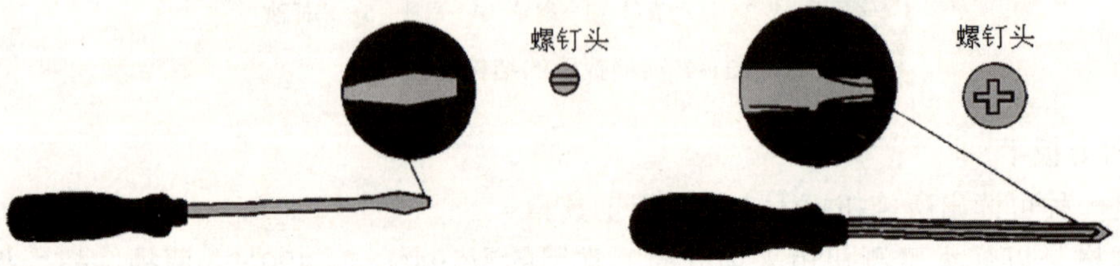

（a）　　（b）

图1-7 螺钉旋具实物外形

（3）钳子。

钳子多用来弯曲或安装小零件、剪断导线或螺栓等。

常用钳子工具实物外形如图1-8所示。

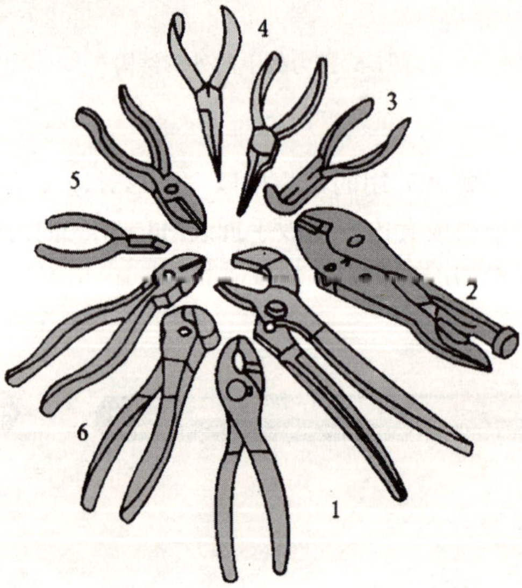

1—鳄鱼钳 2—夹紧钳 3—钩钳 4—尖嘴钳 5—组合钢丝钳 6—剪钳

图1-8 常用钳子工具实物外形

（4）锤子。

汽车维修中常用锤子有手锤、木锤和橡胶锤 。

手锤通常用工具钢制成，规格按锤头质量划分。使用时应使锤头安装牢靠，手握锤柄末端，用锤头正面击打物体。

木锤和橡胶锤主要用于击打零件加工表面，以保护零件不被损坏。主要和铜棒或硬木棒配合使用。

锤子类工具实物外形如图1-9所示。

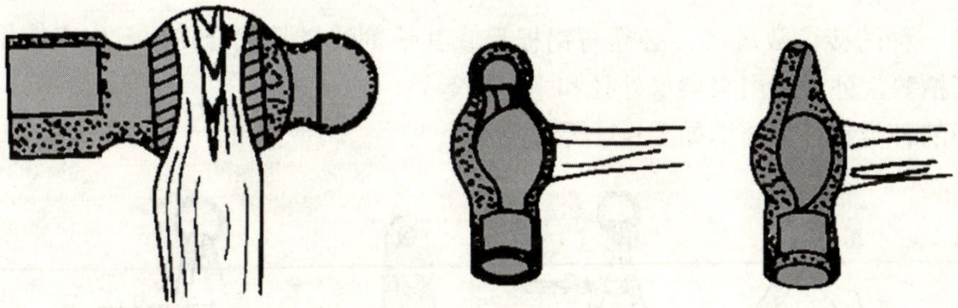

图1-9 锤子类工具实物外形

2. 专用工具

轴承拉器。

拉器是用于拆卸过盈配合安装在轴上的齿轮或轴承等零件的专用工具。

常用拉器为手动式，在一杆式弓形叉上装有压力螺杆和拉爪。

使用时，在轴端与压力螺杆之间垫一垫板，用拉器的拉爪拉住齿轮或轴承，然后拧紧压力螺杆，即可从轴上拉下齿轮等过盈配合安装零件。

轴承拉器的外形结构如图1-10所示。

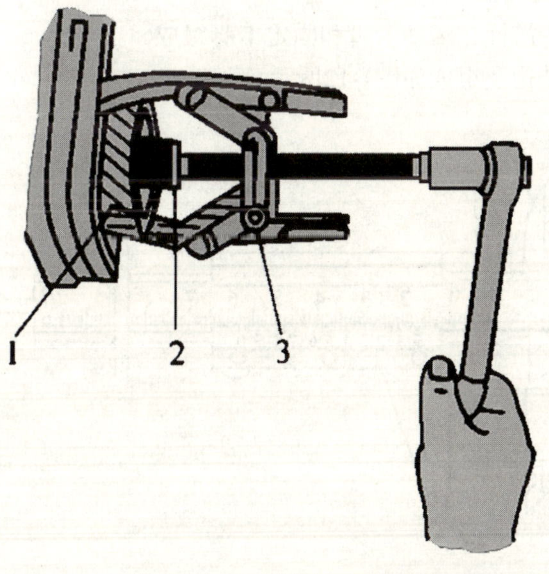

1—螺钉旋具 2—丝锥铰杆 3—板牙铰杆

图1-10 轴承拉器的外形结构

3. 普通量具

（1） 钢板尺。

测量长度直接读数量具，常用它粗测工件长度、宽度和厚度，常见钢直尺的规格有150mm、300mm、500mm、1000mm等。

（2） 卡钳。

它是一种间接读数量具，必须与钢板尺或其他刻线量具配合使用。内卡钳用来测量内径、凹槽等，外卡钳用来测量外径和平行面等。

卡钳的种类和外形结构如图1-11所示。

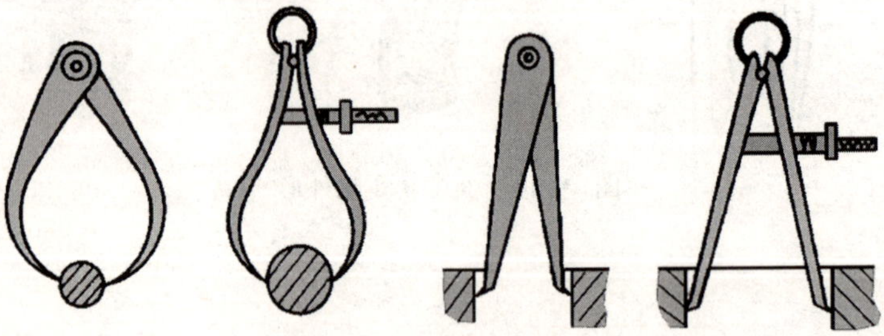

图1-11 卡钳的种类和外形结构

4. 精密量具

（1） 游标卡尺。

游标卡尺主要用来测量零件的内外直径和孔（槽）的深度等，其精度分三种：0.10mm、0.05mm、0.02mm。

游标卡尺由尺身、游标、活动卡脚和固定卡脚组成。

游标卡尺的外形结构及组成如图1-12所示。

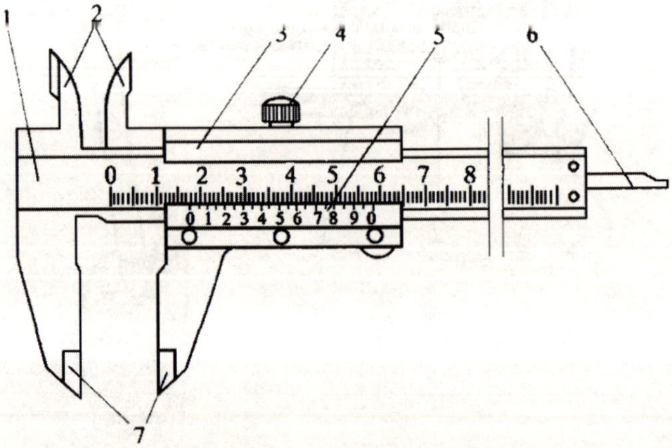

1—尺身　2—刀口内量爪　3—尺框　4—固定螺钉　5—游标　6—深度尺　7—外量爪

图1-12 游标卡尺的外形结构及组成

常用精度为0.10mm的游标卡尺。

尺身上每一刻度为1mm，游标上每一刻度表示0.10mm。读数时，先看游标上“0”刻度线对应的尺身刻度线读数，再找出游标上与尺身某一刻度线对得最齐的一条刻度线读数，测量的读数为尺身读数加上0.1倍的游标读数。

（2）外径千分尺。

外径千分尺是比游标卡尺更精密的量具，其精度为0.01mm。

规格有0～25mm、25～50mm、50～75mm、75～100mm、100～125mm等规格。

外径千分尺的外形结构及组成如图1-13所示。

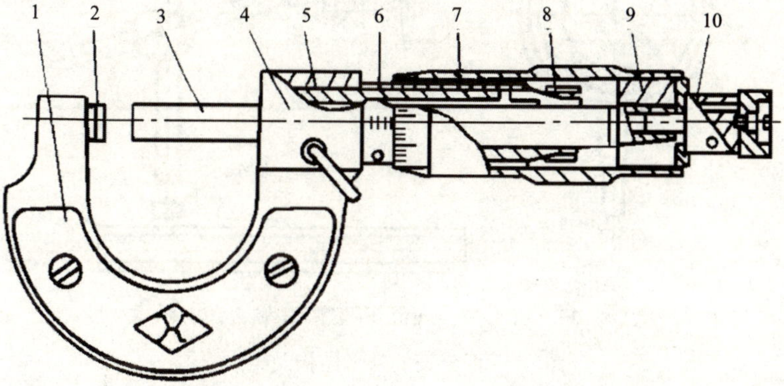

1—尺架　2—砧座　3—测微螺杆　4—锁紧装置　5—螺纹轴套

6—固定套管　7—微分筒　8—螺母　9—接头　10—测力装置

图1-13 外径千分尺的外形结构及组成

外径千分尺固定套管上有两组刻线，两组刻线之间的横线为基线，基线以下为“毫米”刻线，基线以上为“半毫米”刻线；活动套管上沿圆周方向有50条刻线，每一条刻线表示0.01mm。

读数时，固定套管上的读数与0.01倍的活动套管读数之和即为测量的尺寸。使用时，严禁在锁止或已经顶住物体情况下转动微分筒。

外径千分尺的计数方法如图1-14所示。

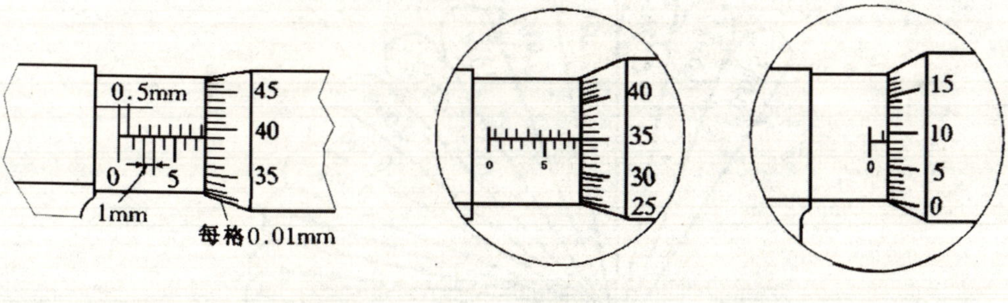

(a)　(b)　(c)

图1-14 外径千分尺的计数方法

（3）百分表。

百分表主要用于测量零件的形状误差或配合间隙。

常见百分表有0～3mm、0～5mm和0～10mm三种规格。百分表的刻度盘一般为100格，大指针转动一格表示0.01mm，转动一圈为1mm，小指针可指示大指针转过的圈数。

百分表的外形结构及组成如图1-15所示。

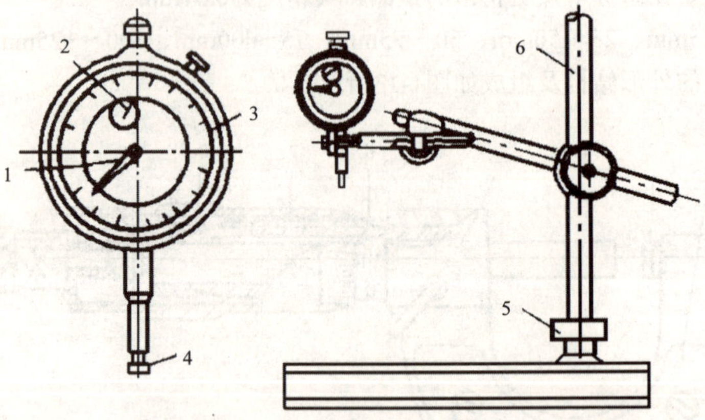

1—大指针 2—小指针 3—刻度盘 4—测头 5—磁力表座 6—支架

图1-15 百分表的外形结构及组成

测量时，必须首先调整表架，使测杆与零件表面保持垂直接触且有适当的预缩量，并转动表盘使指针对正表盘上的“0”刻度线，然后按一定方向缓慢移动或转动工件，测杆则会随零件表面的移动自动伸缩。

测杆伸长时，表针顺时针转动，读数为正值；测杆缩短时，表针逆时针转动，读数为负值。

（4）厚薄规。

厚薄规又名塞尺，主要用来测量两平面之间的间隙。

厚薄规由多片不同厚度的钢片组成，每片钢片的表面刻有表示其厚度的尺寸值。

厚薄规的实物外形如图1-16所示。

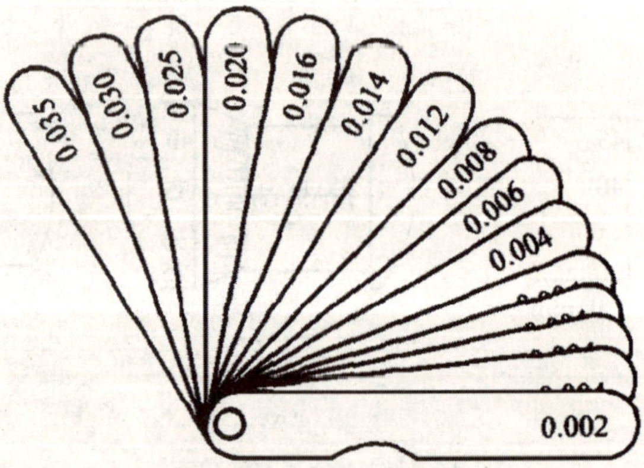

图1-16 厚薄规的实物外形

厚薄规的规格以长度和每组片数来表示，长度常见的有100 mm、150 mm、200 mm、300 mm四种，每组片数有11～17种。

在汽车维修中，厚薄规常用来测量零件之间的配合间隙，如气门间隙、曲轴轴向间隙等。使用时，严禁将其折叠。

5. 常用设备

（1）卧式千斤顶。

卧式千斤顶是用刚性顶举件作为工作装置，通过顶部托座在小行程内顶升重物的轻小起重设备。使用时，要和保险凳配合，否则不允许钻入被举升物体下方，以防意外。

卧式千斤顶实物外形如图1-17所示。

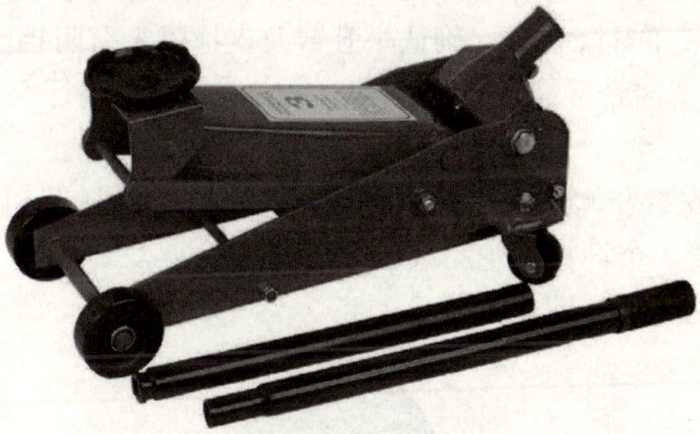

图1-17 卧式千斤顶实物外形

（2）两柱式举升机。

两柱式举升机是一种非对称形臂，支架式举升机器，由机械、液压系统、电气三个部分组成。

两柱式举升机的实物外形如图1-18所示。

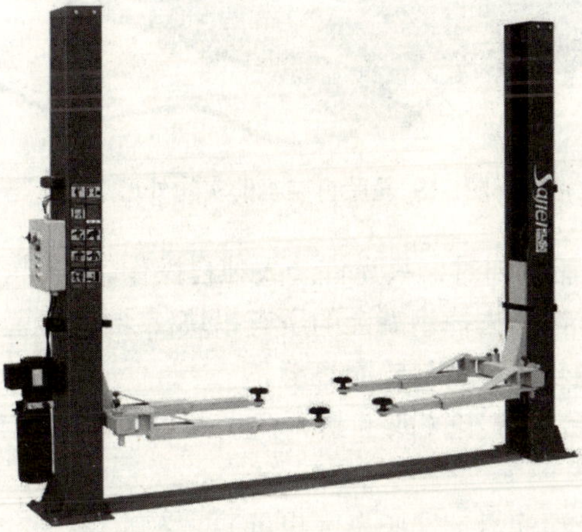

图1-18 两柱式举升机的实物外形

操作注意事项：

① 每天常规检查，如发现其故障或元件损坏，或任何锁止机构不能正常工作时，应停止操作，及时向主管部门反映，并通知设备服务单位。

② 举升机不可超负荷工作。

③ 操作过程中，不要在举升机下站立或启动发动机。

④ 发现无正确举升点，严禁升降汽车。

⑤ 在举升时，橡胶垫应放置在车下合适的举升点上，当达到所需高度时，应确保锁止。进入举升车辆下方前，应注意观察车辆是否水平，是否会因倾斜而滑动。

⑥ 在降落前，确认工具，工作台等撤离。在降落前释放控制杆，降落过程中，注意观察，发现汽车倾斜时，立即释放控制杆，以免降落。

⑦ 当有人在升起的汽车下工作时，他人不得操纵控制杆。

⑧ 在汽车驶入或驶下升降台时，确认举升臂及支撑臂未有阻挡。

⑨ 使用完后， 应清洁升降柱及升降区域，并应定期对其进行保养。

（3） 轮胎拆装机。

轮胎拆装机用于安装和卸载汽车轮胎。可以为汽车、摩托车和重型卡车等不同的车辆换轮胎。它可以改变一个坏掉的轮胎或轮胎泄气。

轮胎拆装机的实物外形如图1-19所示。

图1-19 轮胎拆装机的实物外形

轮胎拆装机在操作轮胎拆卸时，只允许一人独自操作。

① 将轮胎内的气放干净，去掉钢圈上的所有铅块。

② 用轮缘拆离片压迫轮胎使之与轮圈离缝。

③ 将轮胎放在工作台上撑牢（或卡紧），调整好拆装头与轮胎之间的位置后，锁紧。

④ 在轮胎及钢圈边缘涂润滑剂（肥皂水也可）。

⑤ 用撬棍将轮胎边缘撬到拆装头上，撬棍不必抽出，这时，使工作台顺时针旋转，

即可拆下轮胎。用同样的方法可将另一侧轮胎拆下。

⑥ 对于扁平率比较低的轮胎，可以使用压杆和压盘对轮胎臂充分旋转挤压，便于轮胎拆装。

轮胎拆装机安装轮胎的操作流程。

① 先在轮胎内侧边缘涂抹润滑脂。

② 用拆胎的方法将钢圈固定在卡盘上，将轮胎放到钢圈上朝下，并确定好气眼位置。

③ 移动拆装臂压住轮胎边缘，踩下踏板，逐渐将轮胎压入钢圈内。

④ 用同样的方法将上侧轮胎压入钢圈，完成轮胎安装。

⑤ 可使用附加臂压盘压杆协助工作。

轮胎拆装机给轮胎充气的操作流程。

① 轮胎充气时一定要注意安全。

② 要注意观察压力表，以免轮胎跳起，造成人员伤害。

③ 必要时可以安装安全带。

（4） 轮胎动平衡机。

车轮平衡机（wheel balancer）是一种测量汽车车轮不平衡量，并指示不平衡量位置的设备，人们再通过相应重量的平衡块将其补偿在指定位置，使车轮平衡。它是汽车修理厂、汽车轮胎店和汽车装胎厂等必备的设备。

轮胎动平衡机的实物外形如图1-20所示。

图1-20 轮胎动平衡机的实物外形

平衡机的操作可分为动平衡、静平衡、轮毂平衡、摩托平衡、吻合平衡、校准程序及辅助隐含等七个功能项。校准程序用于平衡机自身精度的校准，辅助隐含程序为轮毂平衡程序的辅助功能项。动平衡、校准程序在日常的操作及维护中使用，因此用户必须完全掌握其操作要领；其他功能项可根据需要选择使用。

（5）风炮。

风炮是一种气动工具，因为它工作的时候噪声比较大，如炮声，故而得名，也称作气动扳手。

风炮的实物外形如图1-21所示。

图1-21 风炮的实物外形

风炮操作注意事项：

① 风炮润滑指定使用锭子油、缝纫机油（针车油），切勿使用一般机油或回收机油，否则将严重损坏内部机件。

② 作业时请在8～12kg/cm^{2}空气压力下使用本工具，过低的气压会无法发挥工具的能力，过高的气压会迅速减少工具的寿命。

③ 如果没有加油器，请在工作前、后向本机指定的注油口加油，这样能使本机发挥最佳功能。

④ 定期查看过滤装置内是否有污水与杂质，若有，应及时排水排污（一般为1次/周）。

⑤ 查看空气软管及接头有无漏气及松动，以防进入气动工具内的压缩空气压力不够。

⑥ 查看气动工具本身及气动工具附件是否连接可靠，以防高速转动时损坏工具或伤到人。

⑦ 非气动工具附件一律不得用在气动工具上。

（二）汽车维修生产安全的注意事项

1. 个人安全

① 眼睛的防护。

在汽车维修企业中，眼睛经常会受到各种伤害，如飞来的物体、腐蚀性的化学飞溅、有毒的气体或烟雾等，这些伤害几乎都是可以防护的。

常见的保护眼睛的装备是护目镜和安全面具。

护目镜和安全面具的实物外形如图1-22所示。

（a）护目镜

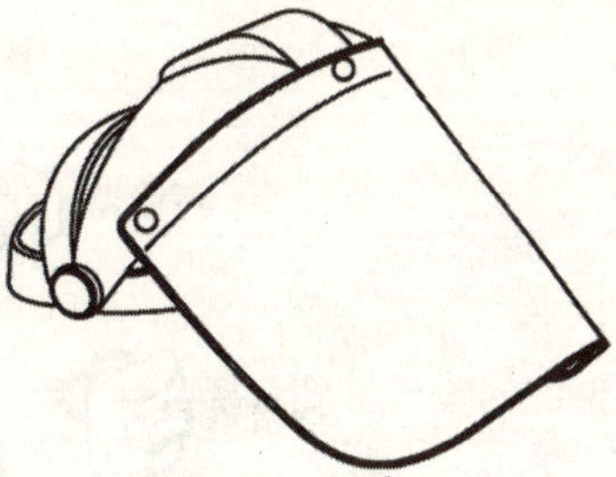

（b）安全面具

图1-22 护目镜和安全面具的实物外形

护目镜可以防护各种对眼睛的伤害，如飞来物体或飞溅的液体。

在下列情况下，应考虑佩戴护目镜：进行金属切削加工，用錾子或冲子铲剔，使用压缩空气，使用清洗剂等。

安全面具不仅能够保护眼睛，还能保护整个面部。如果进行电弧焊或气焊，要使用带有色镜片的护目镜或深色镜片的特殊面罩，以防止有害光线或过强的光线伤害眼睛。

② 听觉的保护。

汽车修理厂的噪声很大，各种设备如冲击扳手、空气压缩机、砂轮机、发动机等都会制造出很大的噪声。短时的高噪声会造成暂时性听力丧失，而持续的低噪声会对人身体造成长期伤害。

常见的听力保护装备有耳罩和耳塞，噪声极高时可同时佩戴。一般在钣金车间必须佩戴耳罩或耳塞。

③ 手的保护。

手是人体经常受伤的部位之一。保护手要从两方面着手：一是不要把手伸至危险区域，如发动机前部转动的皮带区域、发动机排气管道附近等；二是必要时戴上防护手套。不同的场合需要不同的防护手套，进行金属加工时应戴劳保安全手套，接触化学品时应戴橡胶手套。

④ 其他注意事项。

宽松的衣服、长袖子、领带等都容易被卷进旋转的机器中，所以在修理厂中，一定要穿合体的工作服，最好是连体工作服，外套、工装裤也可以，如果戴领带时，要把它塞到衬衫里。

工作时不要戴手表或其他饰物，特别是金属饰物，因为金属饰物在进行电气维修时可能会导入电流而烧伤皮肤，或导致电路短路而损坏电子元器件或设备。在工厂内要穿劳保鞋，这样可以保护脚面不被落下的重物砸伤，且劳保鞋的鞋底是防油、防滑的。

长发很容易被卷入运转的机器中，所以长发一定要扎起来，并戴上帽子。

常见的个人安全防护设备如图1-23所示。

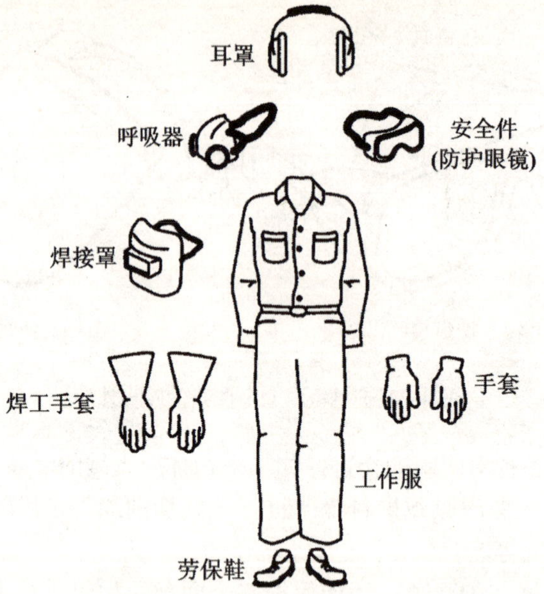

图1-23 常见的个人安全防护设备

2. 工具和设备安全

① 手动工具的安全。

手动工具看起来是安全的，但使用不当也会导致事故。例如，用一字旋具代替撬棍，会导致旋具崩裂、损坏，飞溅物打伤自己或他人；扳手从油腻的手中滑落，可能会掉到旋转的元器件上，再飞出来伤人，等等。

另外，使用带锐边的工具时，锐边不要对着自己和同事；传递工具时，要将手柄朝着对方。

② 动力工具的安全。

所有的电气设备都要使用三相插座，地线要安全接地，电缆或装配松动时应及时维护；所有旋转的设备都应有安全罩，以减少发生部件飞出伤人的可能性。

在进行电子系统维修时，应断开电路的电源，方法是断开蓄电池的负极搭铁线，这不仅是为了保护人身安全，还能防止对电气设备的损坏。

许多维修工序需要将汽车升离地面，在升起车辆前应确保汽车已被正确支承，并应使用安全锁，以免汽车落下。用千斤顶支起汽车时，应当确保千斤顶支承在汽车底盘大梁部分或较结实的部分。

图1-24所示为用千斤顶支承汽车位置示意图。

③ 压缩空气的安全。

使用压缩空气时，应非常小心，不要将压缩空气对着自己或别人，不要对着地面或设备、车辆乱吹。压缩空气会撕裂耳鼓膜，造成失聪；会损伤肺部或伤及皮肤；被压缩空气吹起的尘土或金属颗粒会造成皮肤、眼睛损伤。

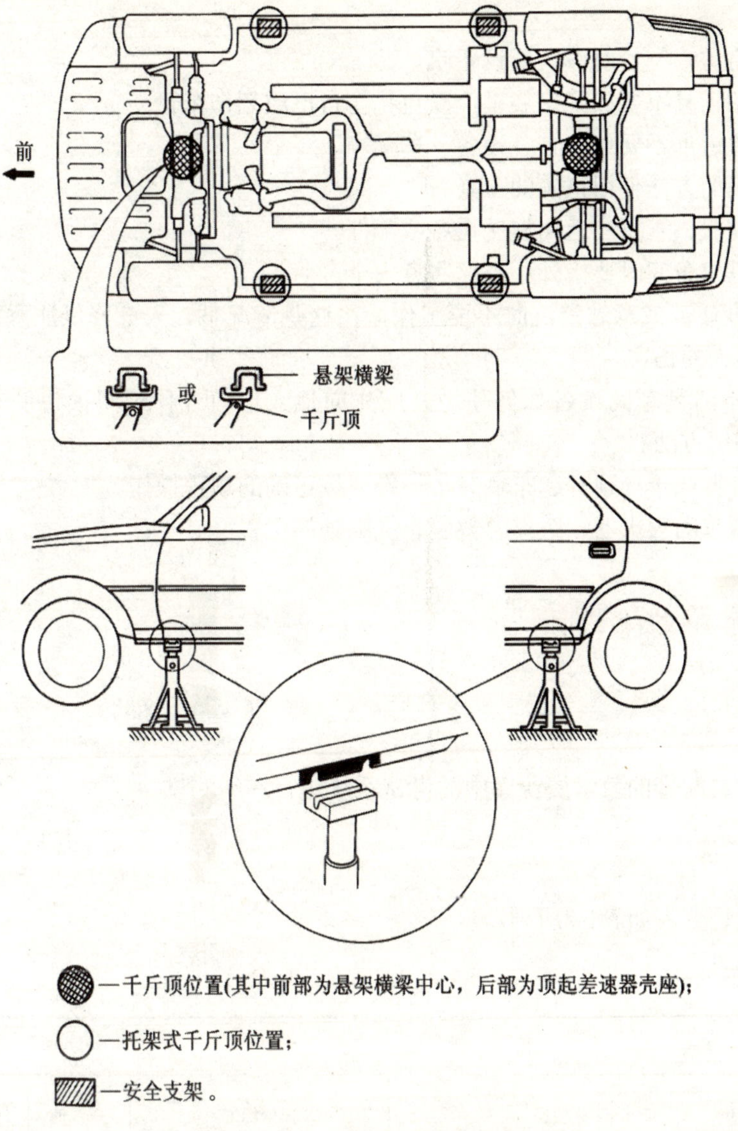

图1-24 千斤顶支承汽车位置示意图

3. 日常安全守则

日常工作中，应遵守以下规则：

① 工具不使用时应保持干净并放到正确的位置。

② 各种设备和工具要及时检查和保养。

③ 手上应避免油污，以免工具滑脱。

④ 启动发动机的车辆应保证驻车制动正常。

⑤ 不要在车间内乱转。

⑥ 在车间内启动发动机时要保持通风良好。

⑦ 在车间内穿戴、着装要合适，并佩戴必要的防护装备，如手套、护目镜、耳塞等。

⑧ 不要将压缩空气对着人或设备吹。

⑨ 尖锐的工具不要放到口袋里，以免扎伤自己或划伤车辆。

⑩ 常用通道上不要放工具、设备、车辆等。

⑪ 用正确的方法使用正确的工具。

⑫ 手、衣服、工具应远离旋转设备或部件。

⑬ 开车进出车间时要格外小心，注意安全。

⑭ 在极度疲劳或意志消沉时不要工作，在这些情况下，人会降低注意力，有可能导致对自身或他人的伤害。

⑮ 如果不清楚车间设备如何使用，应先向他人请教或仔细阅读说明书，以得到正确、安全的使用方法。

⑯ 用举升器或千斤顶升起车辆时，一定要按正确的规程操作。

⑰ 应清楚车间灭火器、医疗急救包、洗眼处的位置。

七、学习效果评价

1. 理论评价

用与本教材配套的教学资源库中的考试系统进行在线测试。

2. 技能评价

技能评价评分表如表1-2所列。

表1-2 技能评价评分表

姓名：　　学号：　　用时：

考核项目	评分项目		评价标准	分值	学生自评	学生互评	教师评价
时间要求（5分）	按规定时间完成项目		未按时完成扣5分	5			
项目（70分）	使用游标卡尺测量物体	5	使用及读数正确	5			
	使用外径千分尺测量物体	5	使用及读数正确	5			
	使用塞尺测量间隙	2	使用及读数正确	5			
	使用卧式千斤顶顶升车辆	5	举升及安全事项正确	5			

（续表）

<table>
<tr><th>考核项目</th><th colspan="2">评分项目</th><th>评价标准</th><th>分 值</th><th>学生自评</th><th>学生互评</th><th>教师评价</th></tr>
<tr><td rowspan="5"></td><td colspan="2">使用两柱式举升机顶升车辆</td><td>举升及安全事项正确</td><td>5</td><td></td><td></td><td></td></tr>
<tr><td colspan="2">使用风炮拆卸一轮子</td><td>使用及拆装顺序正确</td><td>10</td><td></td><td></td><td></td></tr>
<tr><td colspan="2">使用轮胎动平衡机配平衡</td><td>使用及顺序和安全正确</td><td>15</td><td></td><td></td><td></td></tr>
<tr><td colspan="2">使用轮胎拆装机拆装轮子</td><td>使用及拆装顺序和安全正确</td><td>15</td><td></td><td></td><td></td></tr>
<tr><td colspan="2">使用扭力扳手紧固螺栓</td><td>使用及读数正确</td><td>5</td><td></td><td></td><td></td></tr>
<tr><td rowspan="8">着装等情况（10分）</td><td rowspan="2">工作着装</td><td>干净整洁，无配饰</td><td>未按工作要求着装扣1分</td><td>2</td><td></td><td></td><td></td></tr>
<tr><td>穿着工作鞋</td><td>未穿工作鞋扣1分</td><td>1</td><td></td><td></td><td></td></tr>
<tr><td rowspan="3">作业中</td><td>工作台摆放</td><td>摆放无序扣1分</td><td>1</td><td></td><td></td><td></td></tr>
<tr><td>量具放置</td><td>随意摆放一次扣1分</td><td>1</td><td></td><td></td><td></td></tr>
<tr><td>工具车及工具及时复位</td><td>不及时复位扣1分</td><td>2</td><td></td><td></td><td></td></tr>
<tr><td rowspan="3">车辆零件及时清洁</td><td>场地清洁</td><td>清洁不到位扣1分</td><td>1</td><td></td><td></td><td></td></tr>
<tr><td>废弃物处理</td><td>不按要求处理废弃物扣1分</td><td>1</td><td></td><td></td><td></td></tr>
<tr><td>设备等清洁归位</td><td>未清洁设备及归位扣1分</td><td>1</td><td></td><td></td><td></td></tr>
<tr><td rowspan="4">工作安全（10分）</td><td rowspan="4">整体操作中</td><td>作业操作</td><td>操作姿势不正确扣1分，操作不规范扣1分</td><td>3</td><td></td><td></td><td></td></tr>
<tr><td>设备使用</td><td>操作不规范</td><td>5</td><td></td><td></td><td></td></tr>
<tr><td>操作中出现人体损伤</td><td>出现人体损伤，总分计0分</td><td>2</td><td></td><td></td><td></td></tr>
<tr><td>重大安全事故</td><td>出现重大事故停止操作，总分计0分</td><td></td><td></td><td></td><td></td></tr>
<tr><td rowspan="2">工单填写情况（5分）</td><td rowspan="2">工单填写</td><td>整齐如实填写</td><td>未如实填写每次扣1分</td><td>3</td><td></td><td></td><td></td></tr>
<tr><td>作业前查看，作业后及时填写</td><td>作业前不查看、作业后不及时填写，每次扣1分</td><td>2</td><td></td><td></td><td></td></tr>
<tr><td colspan="4">本项目得分</td><td>100</td><td></td><td></td><td></td></tr>
<tr><td colspan="8">日期：</td></tr>
</table>

八、课后练习

（1） 画出采用就车修理法汽车大修的工艺过程图。

（2） 阐述维修厂主要做哪些工作？

项目二　手动变速器的拆装与检修

一、情景导入

1. 情境描述

一辆五菱之光微型车进厂修理，客户反映：该车变速器换挡困难，有异响，并会出现跳挡和乱挡等现象。经检查确认离合器技术状况良好，需要对手动变速器进行检修。

2. 问诊信息

问诊信息表如表2-1所列。

表2-1　问诊信息表

客户姓名		车型及年款	
驾驶员姓名		车架号	
车辆入厂日期		发动机型号	
牌照号码		里程表读数	

二、实训要求

（1）时间要求：建议8学时。

（2）质量要求：在满足厂家的生产规范及质量要求前提下，能够熟练快速地诊断与排除故障。

（3）安全要求：严格按照安全操作规程进行项目作业。

（4）文明要求：自觉按照文明生产规则进行项目作业。

（5）环保要求：努力按照环境保护要求进行项目作业。

三、技能及素养目标

（1）能合理选择并熟练使用各种相关维修工具；

（2）具有安全操作和环保意识；

（3）规范使用举升机，特别注意举升机的安全锁止；

（4）规范使用机油压力表，防止机油泄漏，一旦泄漏，要及时清洁。

四、实训准备

1. 场地与设备配置

每工位4～8人，工位配置要求：五菱之光整车、工具车、零件车、举升机、常用工具、机油压力表、维修手册等。

（1）车辆：五菱之光微型车。

（2）普通工具：组合工具、扭力扳手、锤子、压力机、铜棒。

（3）专用工具：拆装工具组件，手柄组件；变速器和分动器轴承拆装工具；前悬架衬套成套组件；2号拆装工具组件；变速器后轴承拆装工具；差速器预紧接合器；拉出器A组件；前轮毂内轴承内圈拆装工具。

（4）检测工具：游标卡尺、测径规、测隙规、螺旋测微器。

2. 相关耗材准备

齿轮油、滑动滚珠轴承、油封、通用润滑脂、滚锥轴承、密封胶（五菱原厂黏合剂、密封胶或同等产品）、O形密封圈、抹布、黏合剂、机油、手套等。

3. 作业前准备工作

（1）汽车进入工位前，将工位清理干净，准备好相关的器材。

（2）将汽车停驻在举升机中央位置。

（3）拉紧驻车制动器操纵杆，并将变速杆置于空挡位置。

（4）套上转向盘护套、变速杆手柄套和座位套，铺设脚垫。

（5）在车内拉动发动机舱盖手柄，在车外打开并支撑发动机舱盖。

（6）粘贴翼子板和前脸磁力护裙。

五、教学组织

1. 教学组织形式

本课程为“工艺化”实训课，实训教师1名，学生24名，实训室共6个实训工位，按照每6人1个工位编组。

2. 学生的站位分工和要求

学生按规定的工位站立，两名学生一组，轮流进行，按教师的指令分工协作、实行角色轮换制进行操作。

3. 实训教师职责

播放教学视频，并讲解实训任务的操作步骤和相关注意事项；做好学生角色分工。下达操作口令；巡视、检查、指导和纠正学生操作中的错误；课堂总结；组织学生对实训场地及设备进行清洁、整理。

4. 学生职责

认真观看教学视频；完成教师布置的任务；做好课后的清洁、整理工作。

六、基本操作项目

手动变速器的拆卸和安装。

手动变速器的实物外形如图2-1所示。

图2-1 手动变速器的实物外形

1. 变速器总成的分解

（1） 把变速器放在修理台或修理架上，放出变速器润滑油。

（2） 将变速器后盖拆下，取出调整垫片和密封圈。

（3） 小心地将第3、第4挡换挡滑杆向第3挡方向拉至小的挡块取出，将换挡杆重新推至空挡位置。

注意：

换挡滑杆不能拉出太远，否则同步器内的挡块会弹出来，换挡滑杆不能回到空挡位置。

（4） 倒挡和1挡齿轮同时啮合，锁住轴，旋下螺母。

（5） 用工具顶住输入轴的中心，取下输入轴的挡圈和垫片。

（6） 用拉器拉出输入轴的向心轴承。

（7） 若没有专用工具，先旋出壳体和后盖的连接螺栓，用塑料锤（或木锤）敲击输入轴的前端和后壳体，直至后盖和后壳体结合处出现松动。

（8）变速器壳体固定在台钳上，钳口应有较软的金属保持垫片，以防夹坏机件。

（9）取出第3、第4换挡拨叉的夹紧套筒，将第3、4换挡杆往回拉，直至可以将第3、4换挡杆拨叉取出为止。

（10）将换挡拨叉重新放在空挡位置，取出输入轴。

（11）压出倒挡齿轮轴，并取出倒挡齿轮。

（12）用小冲头冲出1、2挡换挡拨块上的弹性销，并取出弹性夹片。

（13）用工具拉出输出轴总成。

注意：

在拉出输出轴总成的同时，应注意1、2挡拨叉轴的间隙，以防卡住。

（14）变速器输入轴总成的分解：拆下挡圈，取下4挡齿轮，用压床压出3、4挡同步器齿毂。

2. 手动变速器的安装

手动变速器的分解图如图2-2所示。

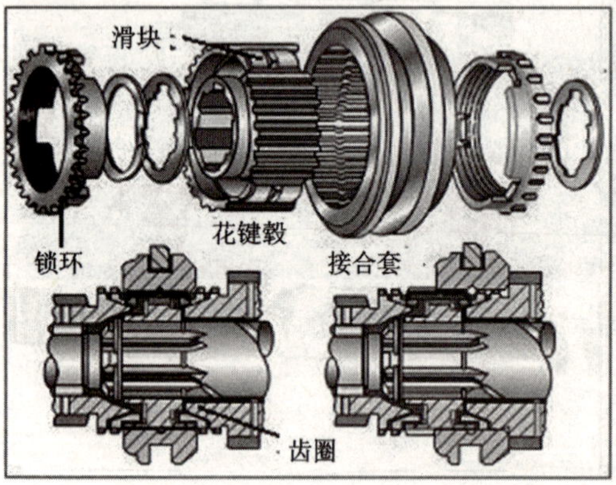

图2-2 手动变速器的分解图

（1）输入轴总成的组装．组装好3挡齿轮和轴承，压入3、4挡齿毂齿套，齿毂内花键的倒角朝向3挡齿轮的方齿轮和4挡齿轮。

注意：

压出前应拆下各轴向挡圈。

（2）输出轴总成的组装

① 压入4挡齿轮，齿轮的凸肩应朝向轴承；

② 4挡齿轮的挡圈与挡圈槽的间隙应尽量小些，可通过选择厚度合适的挡圈来达到；

③ 将3挡齿轮通过加热板加热至120℃后压入，凸肩朝向4挡齿轮；

④ 同步器的组装。1挡同步环有三个位置缺齿，这种同步环只能用于1挡，更换时，也可以使用不缺齿的，备件号为014311295D。组装1、2挡同步器时，齿毂上有槽的一面

朝向1挡，即朝向齿套拨叉环这一侧；

⑤ 将1、2挡同步器总成压入到轴上，齿毂有槽的一面朝向1挡齿轮（即朝后）。然后再装入1挡齿轮中的滚针轴承，套上1挡齿轮后，最后压入双列滚锥轴承。

（3） 变速器变速传动机构的组装（组装时按分解的逆顺序进行）

① 压入输出轴总成。压入输出轴总成时，要将换挡杆与第1、2挡换挡拨叉和输出轴总成一起装入后壳体，然后再压入后轴承。压入时，请注意第1、2挡换挡滑杆的活动间隙，必要时，轻轻敲击以免卡住；

② 安装1、2挡拨块，压入弹性销，安装倒挡齿轮，压入轴；

③ 安装输入轴时，要拉回2、4挡拨叉能够装入滑动齿套为止，同时应位于空挡位置，并用弹性销固定好拨叉；

④ 放好新的密封环，将输入轴和输出轴及后壳体一起与壳体用M8×45的螺栓来连接。紧固力矩为25N·m；

⑤ 使用支撑桥将输入轴支撑住；

⑥ 压入输入轴的向心轴承或组合式轴承。向心轴承保持架密封面对着后壳体，而组合式轴承的滚柱对着后壳体；

⑦ 安装上3、4挡拨叉轴上的小止动块，拧紧输出轴螺母力矩为100N·m。将换挡叉轴置于空挡位置；

注意：

变速器不能拉出太远，否则同步器内的止动块可能弹出来。变速滑杆可能不能再压回到空挡位置。这种情况下须重新拆卸变速器，将3个锁块压到同步器齿套内并推入滑动套筒。

⑧ 安装差速器。

（4） 变速器后盖的安装

① 由于输出轴本身是主减速器的主动齿轮，因此后盖上的垫片要合理选择；

② 安装壳体后盖。将所选用的垫片放入后盖，将异形弹簧放到内选挡杆上，压紧后与内选挡杆一起向内推，直到弹簧的另一端弯头支撑在后盖和调整垫片上为止。再按顺时针方向旋转内选挡杆，直至异形弹簧滑进正确位置为止；

③ 以25N·m力矩拧紧螺钉。

七、拓展项目

有以下4种现象：

（1） 能独立完成变速器异响故障现象的排除；

（2） 能独立完成手动变速器换挡困难故障现象的排除；

（3） 能独立完成手动变速器脱挡故障现象的排除；

（4） 能独立完成手动变速器乱挡故障现象的排除。

4种故障现象的诊断检测流程如下。

（1）变速器换挡困难。

应按照规定的诊断检测工艺流程进行故障分析，如图2-3所示。

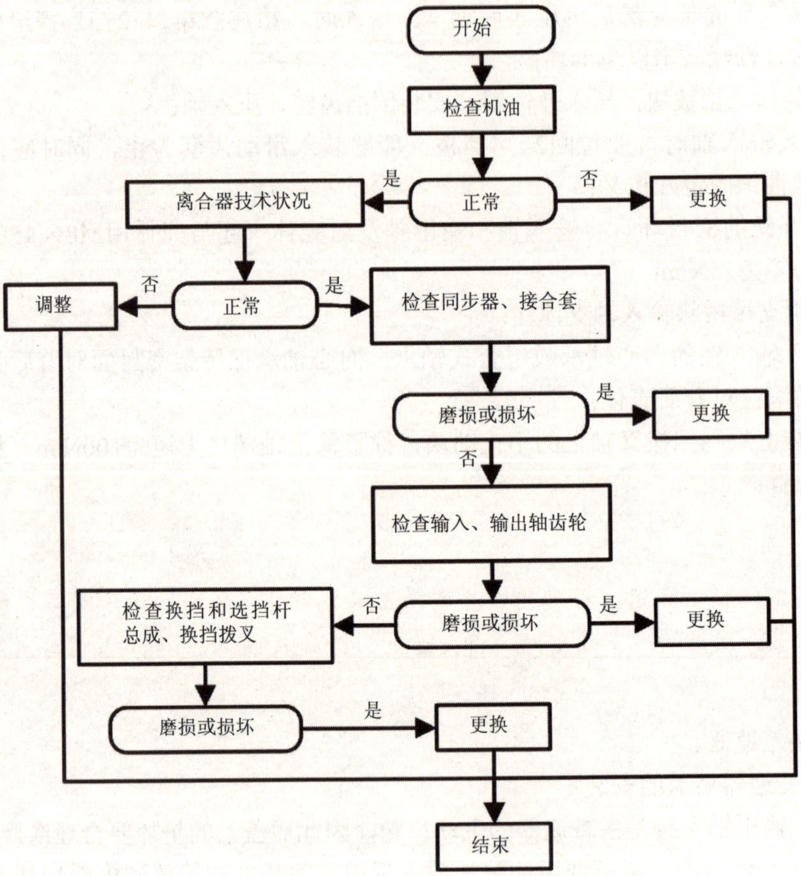

图2-3 手动变速器挂挡困难的检修工艺流程

（2）变速器异响。

按诊断检测流程图所示方法进行诊断，如图2-4所示。

（3）变速器跳挡。

按诊断检测流程图所示方法诊断，如图2-5所示。

（4）变速器乱挡。

按诊断检测流程图所示方法诊断，如图2-6所示。

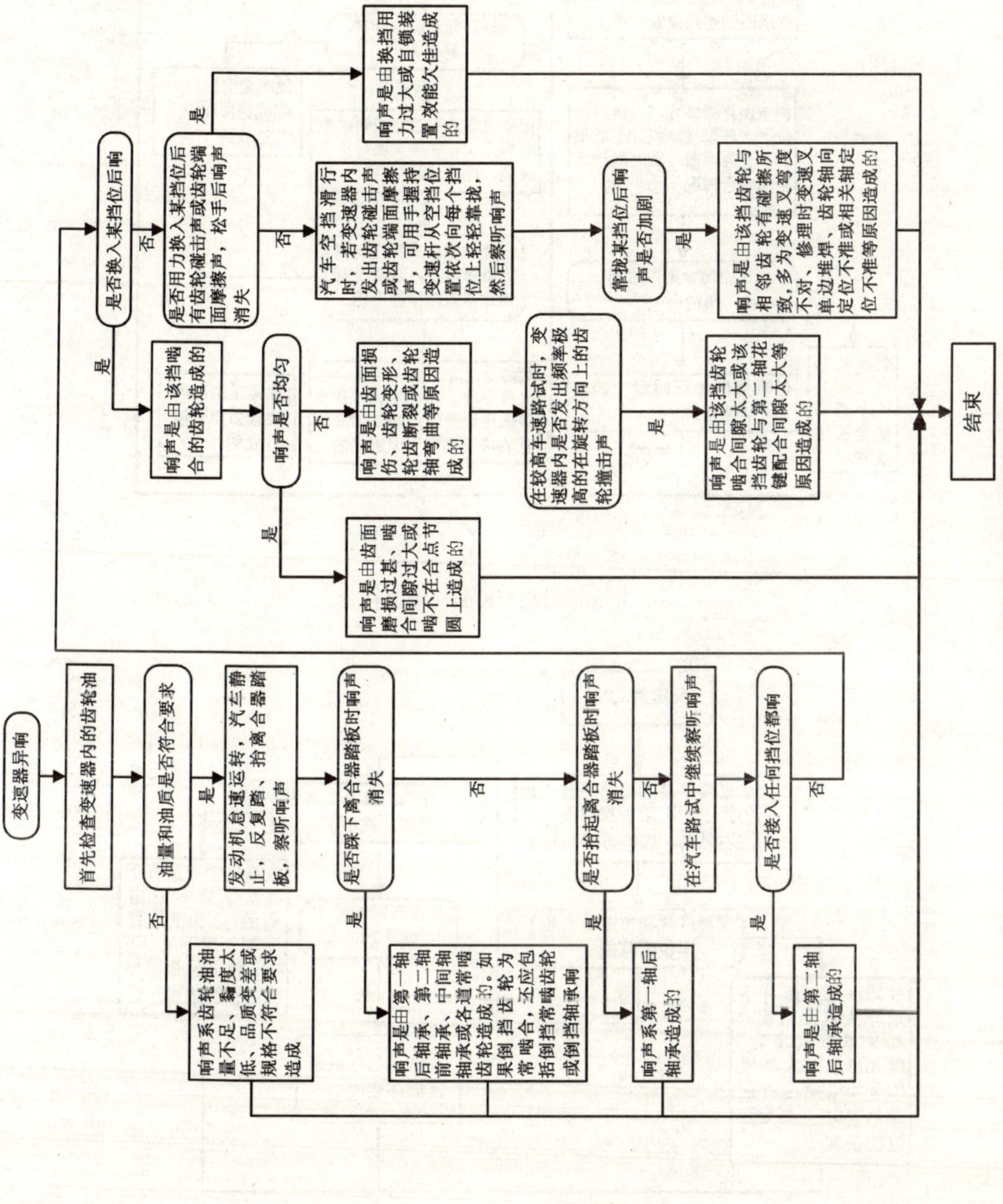

图2-4 手动变速器异响诊断检测流程

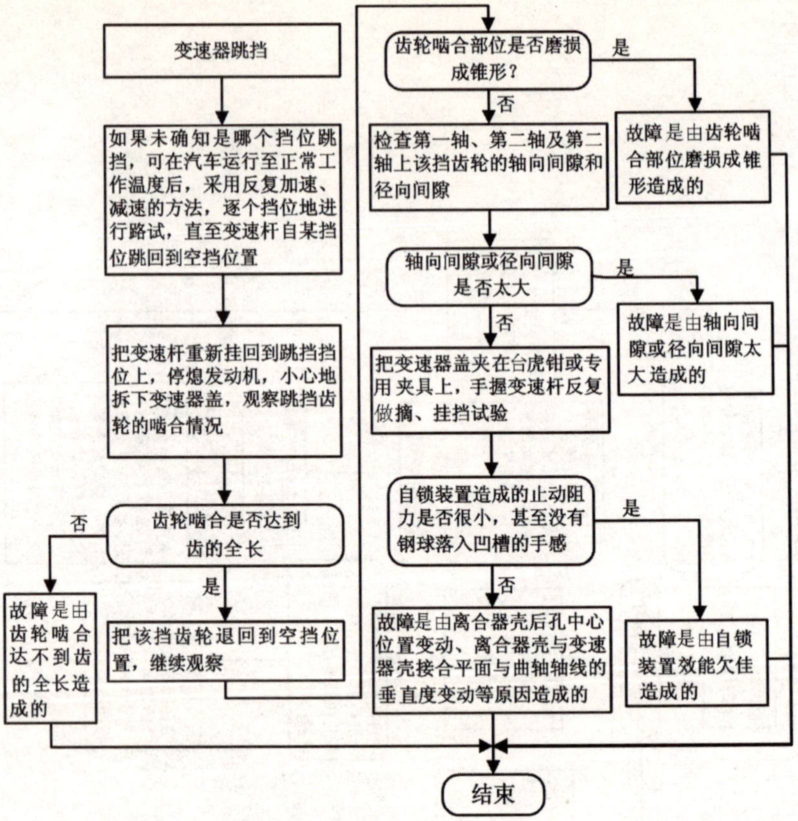

图2-5 变速器跳挡诊断检测流程

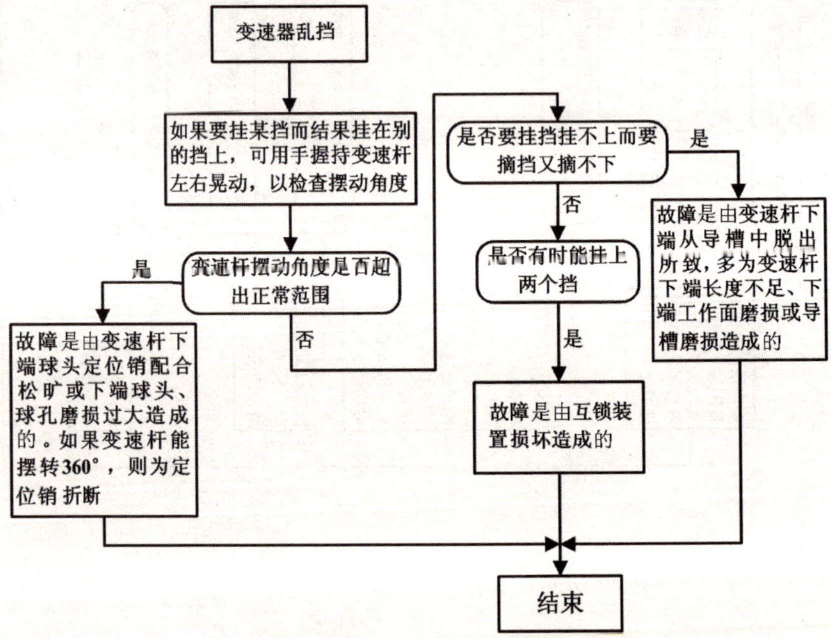

图2-6 变速器乱挡诊断检测流程

八、学习效果评价

1. 理论评价

用与本教材配套的教学资源库中的考试系统进行在线测试。

2. 技能评价

技能评价评分表如表表2-2所列。

表2-2 技能评价评分表

姓名： 学号： 用时：							
考核项目	评分项目		评价标准	分 值	学生自评	学生互评	教师评价
时间要求（5分）	按规定时间完成项目		未按时完成扣5分	5分			
项目及要求（70分）	手动变速器的拆卸		①变速器处于空挡，结构观察清楚 ②拆卸顺序正确 ③正确使用工具	20			
	手动变速器部件的检查		①会检查同步器磨损情况 ②会检查拨叉和拨叉轴孔磨损情况 ③会检查自锁、互锁装置 ④会检查轴承磨损情况	15			
	手动变速器的装配		①装配顺序及部件方向正确 ②清洁后各摩擦配合处要求涂齿轮油	20			
	常见故障诊断		熟悉各种故障的诊断流程 （该项目为选做题，做完后总分仍控制在100分以内）	15			
着装等情况（10分）	工作着装	干净整洁，无配饰	未按工作要求着装扣1分	2			
		穿着工作鞋	未穿工作鞋扣1分	1			
	作业中	工作台摆放	摆放无序扣 1分	1			
		量具放置	随意摆放一次扣1分	1			
		工具车及工具及时复位	不及时复位扣1分	2			
	车辆零件及时清洁	场地清洁	清洁不到位扣1分	1			
		废弃物处理	不按要求处理废弃物扣1分	1			
		设备等清洁归位	未清洁设备及归位扣1分	1			

（续表）

考核项目	评分项目		评价标准	分　值	学生自评	学生互评	教师评价
工作安全（10分）	整体操作中	作业操作	操作姿势不正确扣1分，操作不规范扣1分	3			
		设备使用	操作不规范	5			
		操作中人身损伤	出现人身损伤，总分计0分	2			
		重大安全事故	出现重大事故停止操作，总分计0分				
工单填写情况（5分）	工单填写	整齐如实填写	未如实填写每次扣1分	3			
		作业前查看，作业后及时填写	作业前不查看、作业后不及时填写每次扣1分	2			
本项目得分				100			
日期：							

九、课后练习

（1） 手动变速器常见的故障有哪些？

（2） 怎样判断手动变速器出现跳挡故障？简要说明其常见原因。

项目三　离合器的检查与调整

一、情景导入

1. 情境描述

一辆五菱之光微型车进厂修理，客户反映：该车离合器打滑并有异响，需对离合器进行检修。

2. 问诊信息

问诊信息表如表3-1所列。

表3-1 问诊信息表

客户姓名		车型及年款	
驾驶员姓名		车架号	
车辆入厂日期		发动机型号	
牌照号码		里程表读数	

二、实训要求

（1）时间要求：建议8学时。

（2）质量要求：在满足厂家的生产规范及质量要求前提下，能够熟练快速地诊断与排除故障。

（3）安全要求：严格按照安全操作规程进行项目作业。

（4）文明要求：自觉按照文明生产规则进行项目作业。

（5）环保要求：努力按照环境保护要求进行项目作业。

三、技能及素养目标

（1）能合理选择并熟练使用各种相关维修工具；

（2）具有安全操作和环保意识；

（3）能根据检测结果分析并排除故障；

（4）规范使用举升机，特别注意举升机的安全锁止；

（5）规范使用机油压力表，防止机油泄漏，一旦泄漏，要及时清洁。

四、实训准备

1. 场地准备

※ 视实际情况选定场地。

2. 车辆、工具、设备准备

（1） 车辆：五菱之光微型车。
（2） 普通工具：组合工具、扭力扳手、锤子、压力机、铜棒。
（3） 专用工具：离合器导向工具、万向节轴承拆卸工具和拆装工具。
（4） 检测工具：游标卡尺、百分表。

3. 相关耗材准备

五菱原厂分离毂润滑脂及离合器花键润滑脂或同等产品、抹布、黏合剂、机油、手套等。

4. 作业前准备工作

（1） 汽车进入工位前，将工位清理干净，准备好相关的器材。
（2） 将汽车停驻在举升机中央位置。
（3） 拉紧驻车制动器操纵杆，并将变速杆置于空挡位置。
（4） 套上转向盘护套、变速杆手柄套和座位套，铺设脚垫。
（5） 在车内拉动发动机舱盖手柄，在车外打开并支撑发动机舱盖。
（6） 粘贴翼子板和前脸磁力护裙。

五、教学组织

1. 教学组织形式

本课程为“工艺化”实训课，实训教师1名，学生24名，实训室共6个实训工位，按照每6人1个工位编组。

2. 学生的站位分工和要求

学生按规定的工位站立，两名学生一组，轮流进行，按教师的指令分工协作、实行角色轮换制进行操作。

3. 实训教师职责

播放教学视频，并讲解实训任务的操作步骤和相关注意事项；做好学生角色轮换分工。下达操作口令；巡视、检查、指导和纠正学生操作中的错误；课堂总结；组织学生对实训场地及设备进行清洁、整理。

4. 学生职责

认真观看教学视频；完成教师布置的任务；做好课后的清洁、整理工作。

六、基本操作项目

1. 离合器踏板自由行程的检查及调整

离合器踏板的自由行程是分离轴承与分离杠杆之间间隙的体现。离合器踏板自由行程如图3-1所示。此间隙随着从动盘摩擦片的磨损而逐渐变小，若间隙太小甚至没有间隙，分离轴承因与分离杠杆长时间接触而会迅速磨损、导致损坏，离合器在结合期会出现“打滑”故障；如间隙太大，离合器将出现分离不开的故障，因此，应定期检查调整离合器踏板的自由行程。

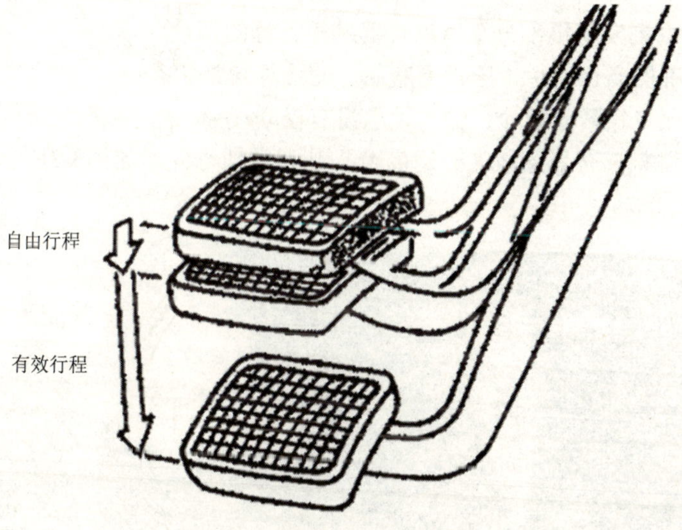

图3-1 离合器踏板自由行程

（1） 配A系列发动机部分车型离合器踏板行程的调整。

五菱之光微型汽车的离合器踏板自由行程为15～25mm，有效行程为150±5mm。

具体调整过程：

① 测出离合器踏板在完全放松时的高度。

② 再测量踩下踏板感到分离杠杆被分离轴承压上时的高度，两次测量的行程差即为

离合器踏板的自由行程，如图3-2所示。

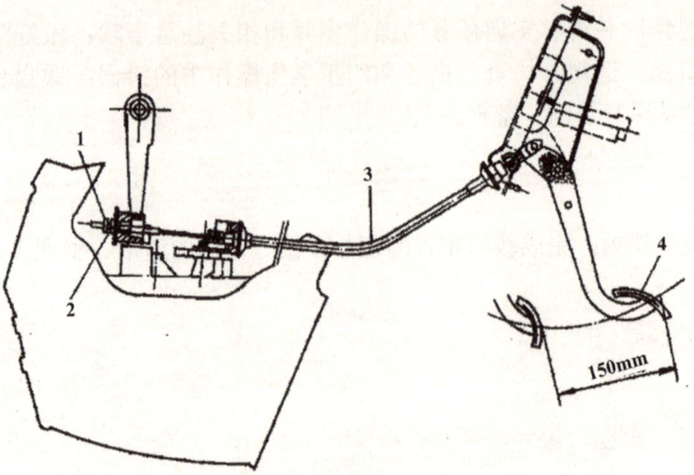

1—锁紧螺帽 2—调整螺母 3—拉索 4—踏板

图3-2 五菱之光微型汽车离合器踏板调整位置

③ 如不符合要求，可用离合器分离叉拉杆上调整螺母进行调整。

④ 调整时，根据需要拧入调整螺母，则自由行程减少；拧出调整螺母，则自由行程增加。

（2） 配B系列发动机部分车型离合器踏板行程的调整。

① 先检查确保离合器片、压盘无翘曲、变形等异常状态；

② 检查确保飞轮紧固螺栓、输入轴承没有松动现象；

③ 检查并调整离合器踏板在合适高度，其调整螺母外形如图3-3所示，其调整位置如图3-4所示。

图3-3 离合器踏板行程的调整螺母外形

图3-4 离合器踏板行程的调整位置

2. 离合器的拆装及检测

（1） 拆卸离合器总成。

五菱之光微型汽车离合器的分解结构如图3-5所示。

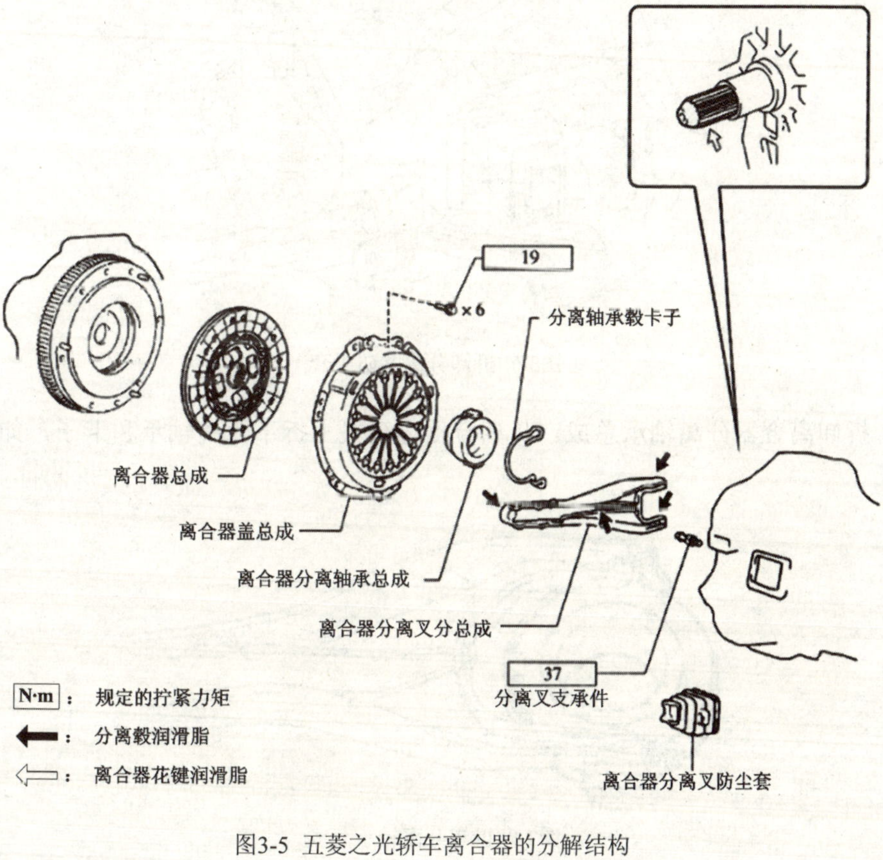

图3-5 五菱之光轿车离合器的分解结构

① 拆卸离合器分离叉总成。从手动传动桥上拆下带离合器分离轴承的离合器分离叉，如图3-6所示。

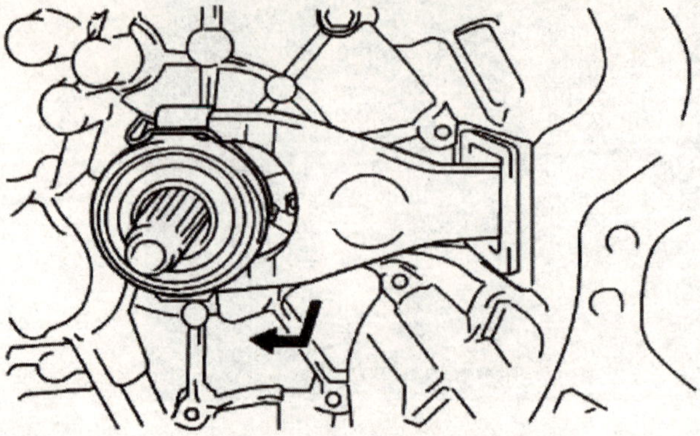

图3-6 拆卸分离叉总成

② 拆卸离合器分离叉防尘套。从手动传动桥上拆下离合器分离叉防尘套，如图3-7所示。

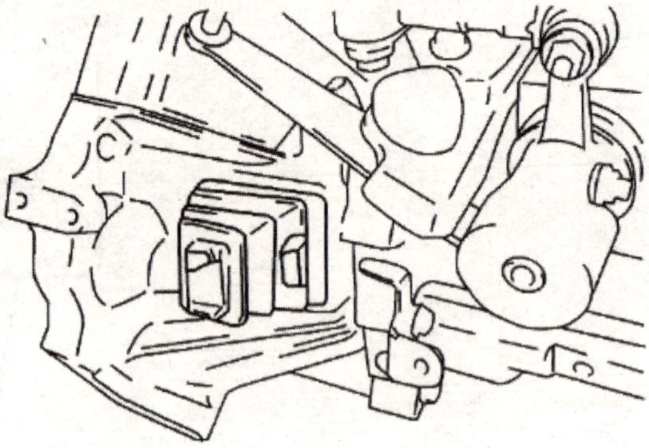

图3-7 拆卸分离叉防尘套

③ 拆卸离合器分离轴承总成。从离合器分离叉上拆下分离轴承和卡子，如图3-8所示。

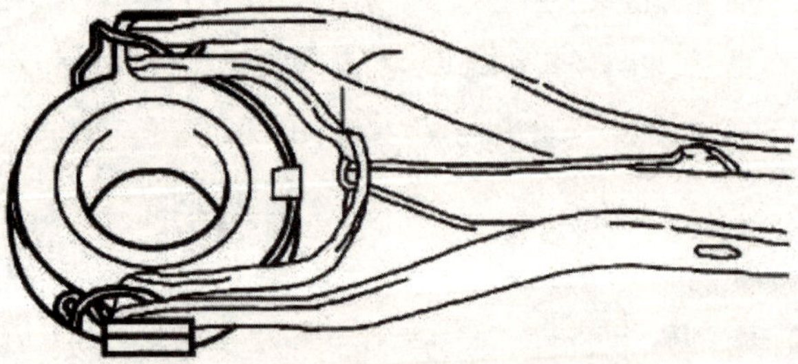

图3-8 拆卸分离轴承总成

④ 拆卸分离叉支撑件。从手动传动桥上拆下分离叉支撑件，如图3-9所示。

图3-9 拆卸分离叉支撑件

⑤ 在离合器盖总成和飞轮总成及螺栓上做好装配标记，拆下的螺栓要按顺序摆好，如图3-10所示。

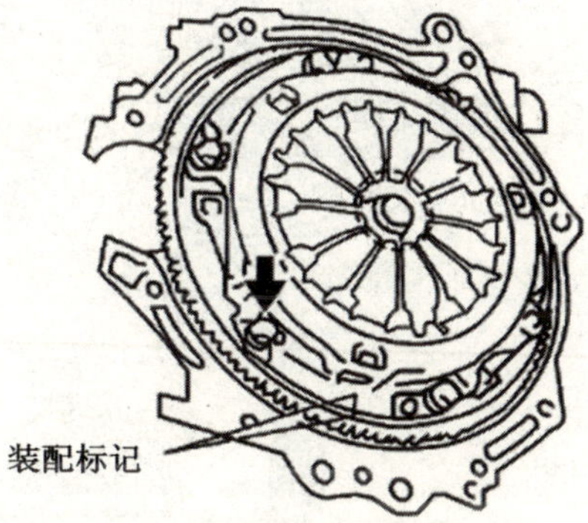

图3-10 装配标记

注意：

不要跌落离合器盘。

⑥ 拆下离合器盘总成。

注意：

使离合器盘总衬片部分、压盘和飞轮总成表面远离油污和异物。

（2） 检查离合器盘总成。

① 用游标卡尺测量铆钉深度（最小铆钉深度：0.3mm），如图3-11所示。如有必要，更换离合器盘总成。

② 将离合器盘总成安装至传动桥总成。

注意：

按正确方向插入离合器盘。

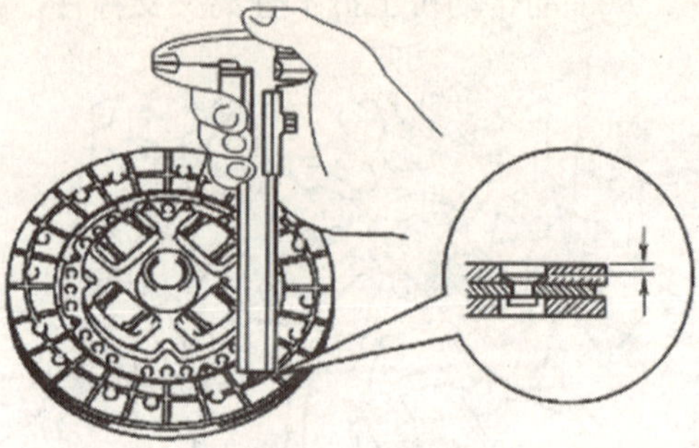

图3-11 测量铆钉深度

用百分表测量离合器盘总成的径向跳动（最大径向跳动：0.8mm），如图3-12所示。如有必要，更换离合器盘总成。

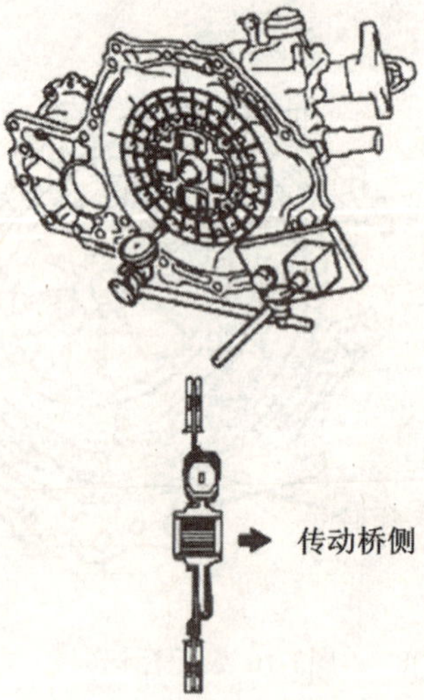

图3-12 测量离合器盘总成的径向跳动

（3） 检查离合器盖总成。

用游标卡尺测量膜片弹簧磨损的深度和宽度（最大磨损深度*A*：0.5mm；最大磨损宽度*B*：6.0mm），如图3-13所示。如有必要，更换离合器盖总成。

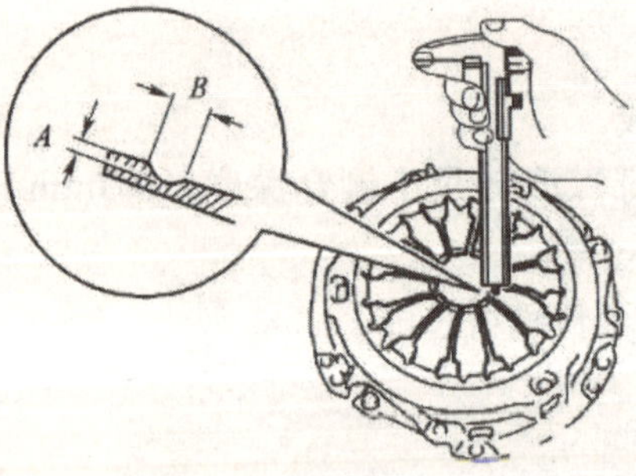

图3-13 测量膜片弹簧磨损深度和宽度

（4） 检查飞轮分总成。

用百分表测量飞轮分总成的径向跳动（最大径向跳动：0.1mm），如图3-14所示。如有必要，更换飞轮分总成。

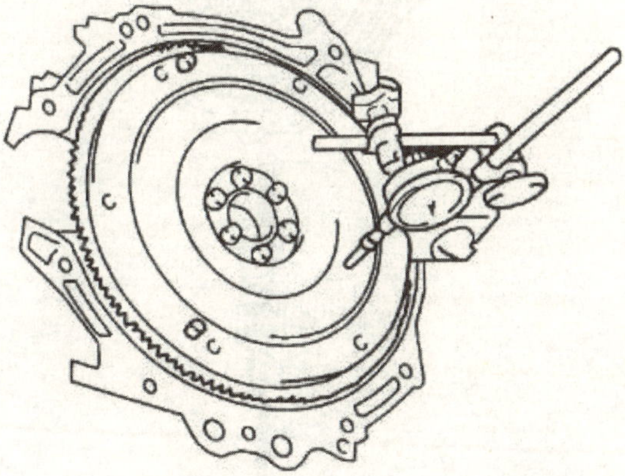

图3-14 测量飞轮分总成的径向跳动

（5） 检查离合器分离轴承总成。

① 在轴向施力时，旋转离合器分离轴承总成的滑动部件（与离合器盖的接触面），检查并确认离合器分离轴承总成移动平稳且无异常阻力，如图3-15所示。

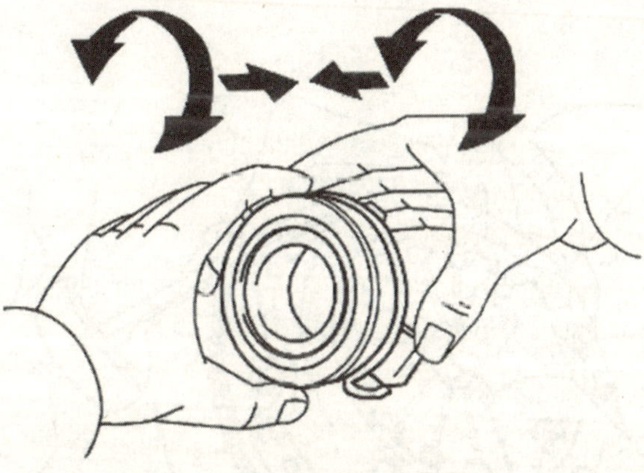

图3-15 检查分离轴承

② 检查离合器分离轴承总成是否损坏或磨损。如有必要，更换分离轴承总成。

3. 安装离合器总成

（1） 安装离合器盘总成。将离合器导向工具插入离合器盘总成，然后将它们一起插入飞轮分总成，如图3-16所示。

注意：
按正确方向插入离合器盘。

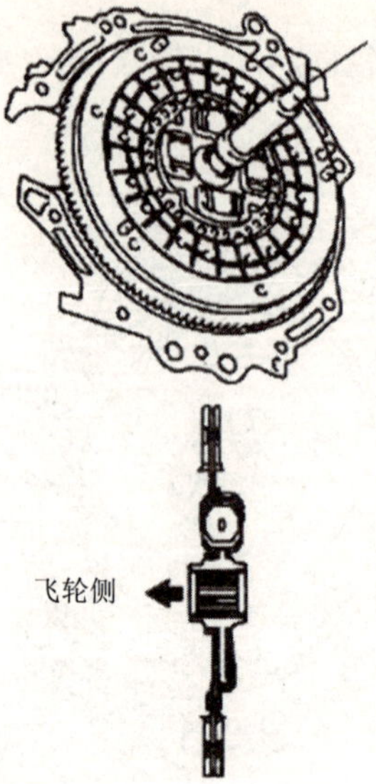

图3-16 安装离合器盘总成

（2） 安装离合器盖总成。

① 将离合器盖总成上的装配标记和飞轮分总成上的装配标记对准。

② 按照图3-17所示的步骤，从位于顶部锁销附近的螺栓开始，按顺序拧紧6个螺栓，拧紧力矩为19N·m。

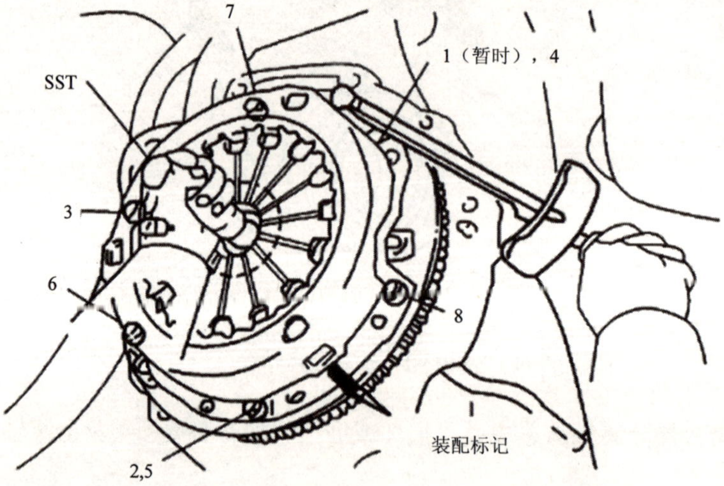

图3-17 螺栓拧紧顺序

注意：

按照图3-17中所示的顺序，每次均匀拧紧一个螺栓；检查并确认盘位位于中心位置后，上下左右轻微地移动离合器导向工具，然后拧紧螺栓。

（3） 检查并调整离合器盖总成。

① 用带滚子仪的百分表检查膜片弹簧顶端高度偏差（最大偏差：0.9mm），如图3-18所示。

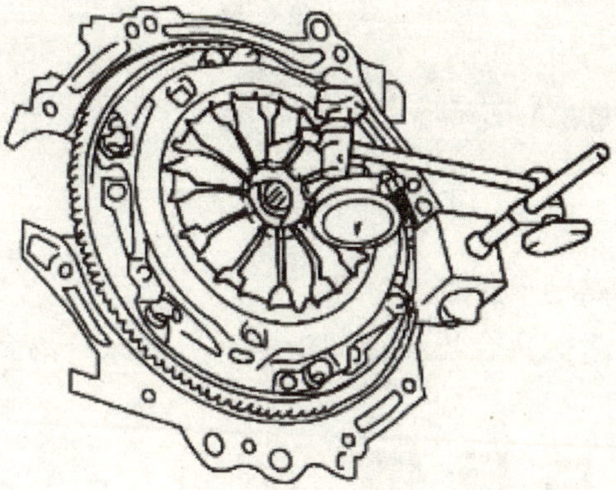

图3-18 检查膜片弹簧顶端高度偏差

② 如果偏差不符合规定，用万向节轴承拆卸工具调整膜片弹簧顶端高度偏差，如图3-19所示。

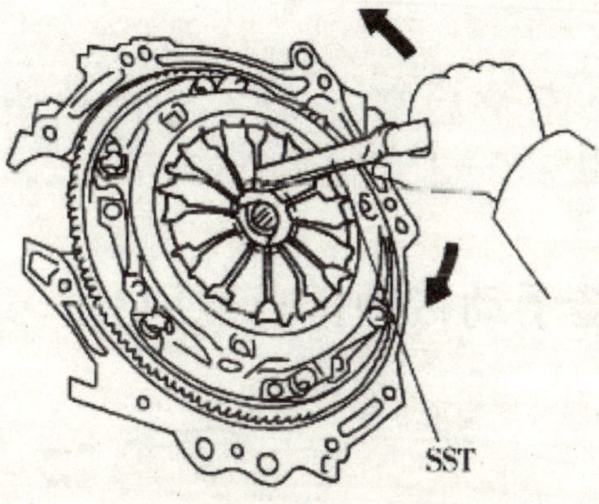

图3-19 调整膜片弹簧顶端高度偏差

（4） 安装分离叉支撑件。将分离叉支撑件安装至传动桥总成，拧紧力矩为37N·m。

（5） 安装离合器分离叉防尘套。将离合器分离叉防尘套安装至手动传动桥。

（6） 安装离合器分离叉总成。

① 在分离叉和分离轴承总成、分离叉和推杆、分离叉和叉支撑件间的接触面上涂抹分离毂润滑脂（五菱原厂分离毂润滑脂或同等产品），如图3-20所示。

② 用卡子将分离叉安装至分离轴承总成。

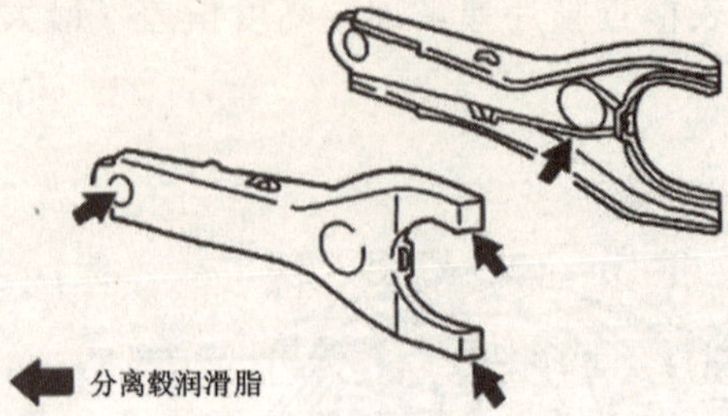

图3-20 涂抹分离毂润滑脂

（7） 安装离合器分离轴承总成。

① 在输入轴花键上涂抹离合器花键润滑脂（五菱原厂离合器花键润滑脂或同等产品），如图3-21所示。

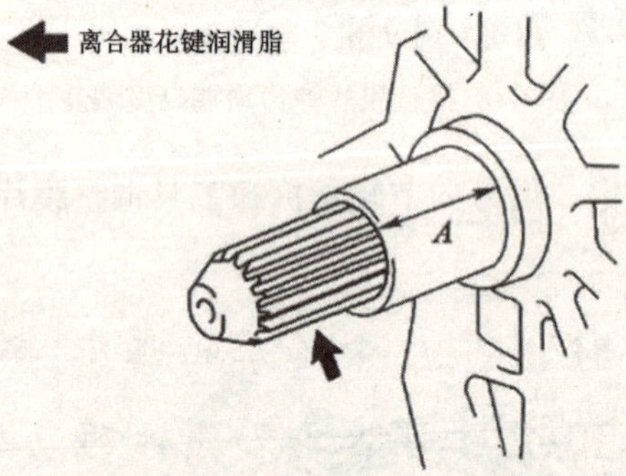

图3-21 涂抹离合器花键润滑脂

注意：

不要在图3-21中所示的A部位涂润滑脂。

② 将带分离叉的离合器分离轴承安装至传动桥总成。

注意：

安装完毕后移动分离叉以检查分离轴承是否滑动平稳。

（8） 安装手动传动桥总成。

检修调整好的离合器，应做到接合平稳，分离彻底，无打滑（抖动、异响），操纵机构灵敏可靠，踏板自由行程符合原厂规定。

七、拓展项目

离合器常见故障的检测与排除。

离合器有以下常见故障现象：

（1） 离合器打滑；

（2） 离合器分离不彻底；

（3） 离合器发抖（接合不平顺）；

（4） 离合器异响。

离合器的常见故障部位主要有飞轮与从动盘接触面、从动盘、压盘、膜片弹簧、分离叉、分离套筒、工作行程等。

检测与排除这些故障现象的方法如下。

（1） 离合器打滑现象。

① 故障诊断方法。

检查离合器踏板有无自由行程。若无或数值不正确，则应检查操纵系统是否调整不当或卡滞，踏板回位弹簧是否失效，分离轴承是否不能回位，膜片弹簧（或分离杠杆）内端是否调整过高。

② 故障诊断流程。

若自由行程正常，则应拆下离合器壳，检查摩擦片是否烧损、有无油污或磨损过大，膜片弹簧是否失效，飞轮或压盘有没有变形等。详见图3-22所示离合器打滑常见故障原因的诊断流程。

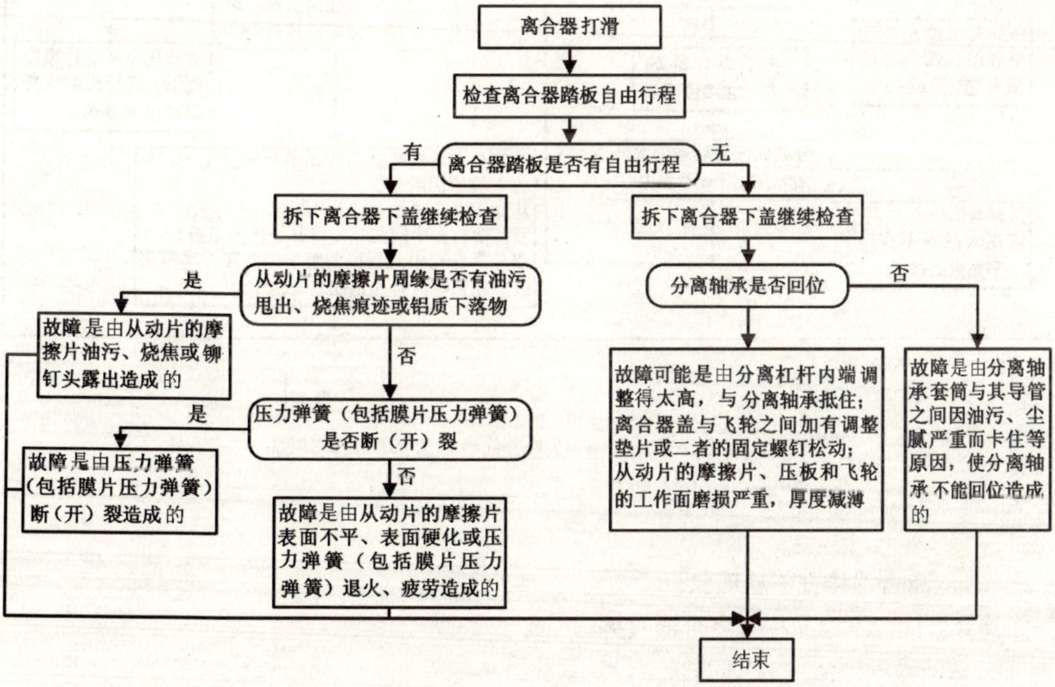

图3-22 离合器打滑常见故障原因的诊断流程

（2） 离合器分离不彻底现象。

① 故障诊断方法。

检查操纵机构是否卡滞，保证其工作正常。

检查踏板自由行程是否正常，若不正常，调整至规定值。

若故障现象仍然存在，则应拆下离合器壳，检查摩擦片是否破裂或弯曲，拨叉是否断裂，压盘是否弯曲，膜片弹簧是否断裂或内端因调整不当而不在同一平面内（或分离杠杆是否变形，内端是否由于调整不当而不在同一平面内）等。

② 故障诊断流程。

离合器分离不彻底常见故障原因的诊断流程，如图3-23所示。

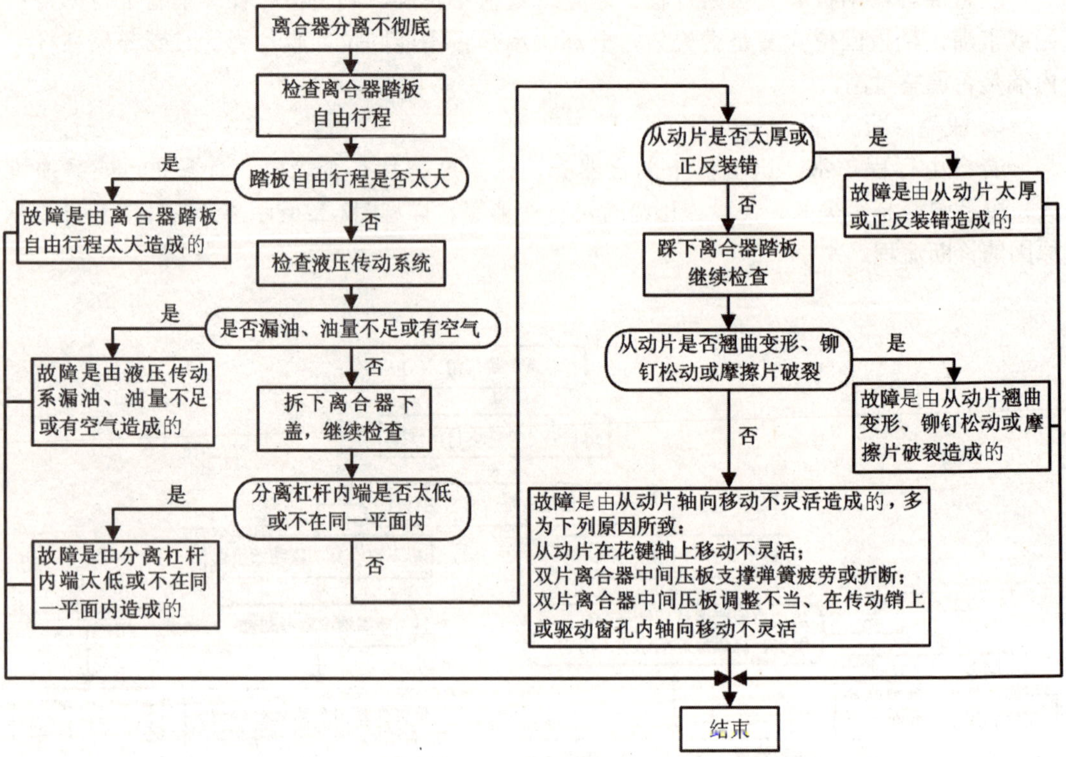

图3-23 离合器分离不彻底常见故障原因的诊断流程

（3） 离合器接合不稳现象。

离合器接合不稳又称为离合器发抖。

① 故障诊断方法。

检查发动机支架、变速器与飞轮壳以及离合器壳的固定螺栓等处是否有松动，接合不稳的现象是由它们引起的。

检查操纵机构，看有无拉索发卡等现象；若有，需调整、润滑或更换。

若故障仍然存在，则应分解离合器，检查从动盘减震器弹簧是否失效，膜片弹簧（或分离杠杆）内端是否高低不一，压盘是否偏磨或变形，摩擦片铆钉是否松动，分离轴承套筒是否发卡，回位弹簧是否失效，分离叉轴两端支承是否磨损等。

② 故障诊断流程。

离合器接合不稳常见故障原因的诊断流程如图3-24所示。

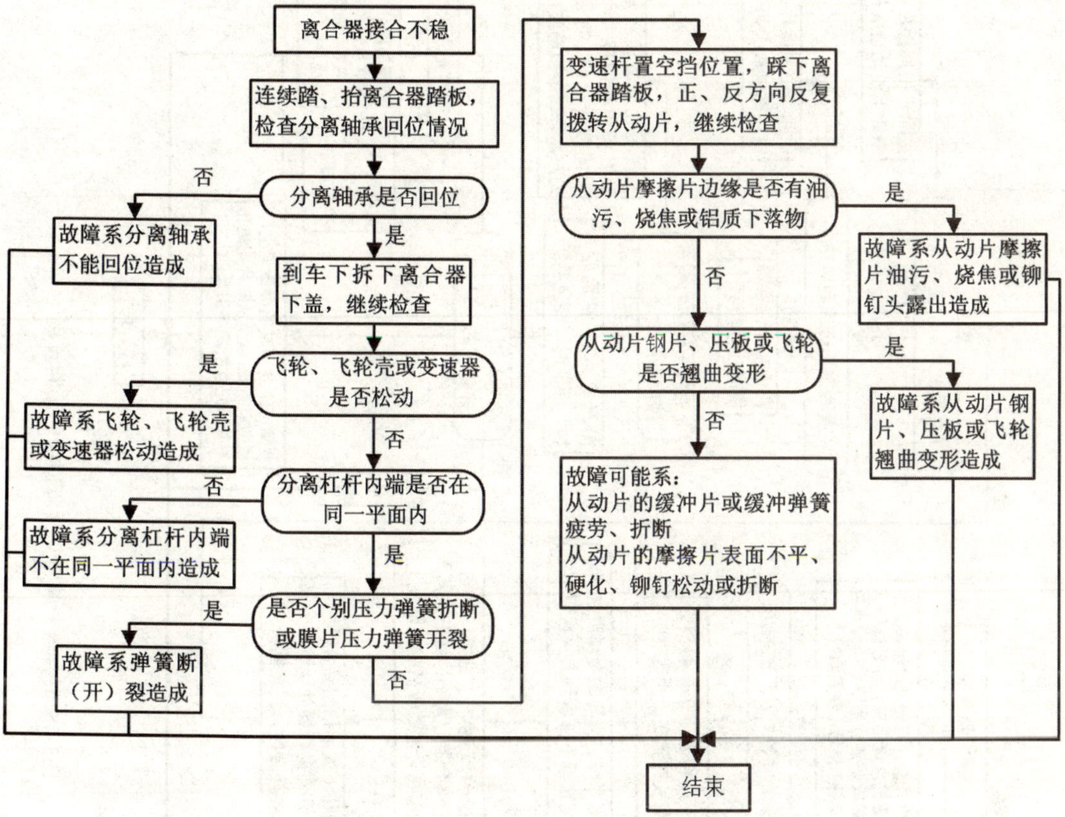

图3-24 离合器接合不稳常见故障原因的诊断流程

（4） 离合器异响现象。

① 故障诊断方法。

连续踩放踏板，确定响声是否由操纵机构引起。

启动发动机，让其怠速运转；踩下踏板少许，使分离轴承与膜片弹簧（或分离杠杆）刚刚接触。如果有“沙沙”的响声，说明是分离轴承异响。

将踏板踩到底，如果有响声，是由于分离轴承不转而与膜片弹簧（或分离杠杆）发生摩擦引起的响声。

离合器刚接触或刚分离时出现响声，则应检查从动盘铆钉头是否露出，分离轴承与膜片弹簧（或分离杠杆）间的间隙是否正常，从动盘减震器弹簧是否折断等情况。

② 故障诊断流程。

离合器异响常见故障原因的诊断流程如图3-25所示。

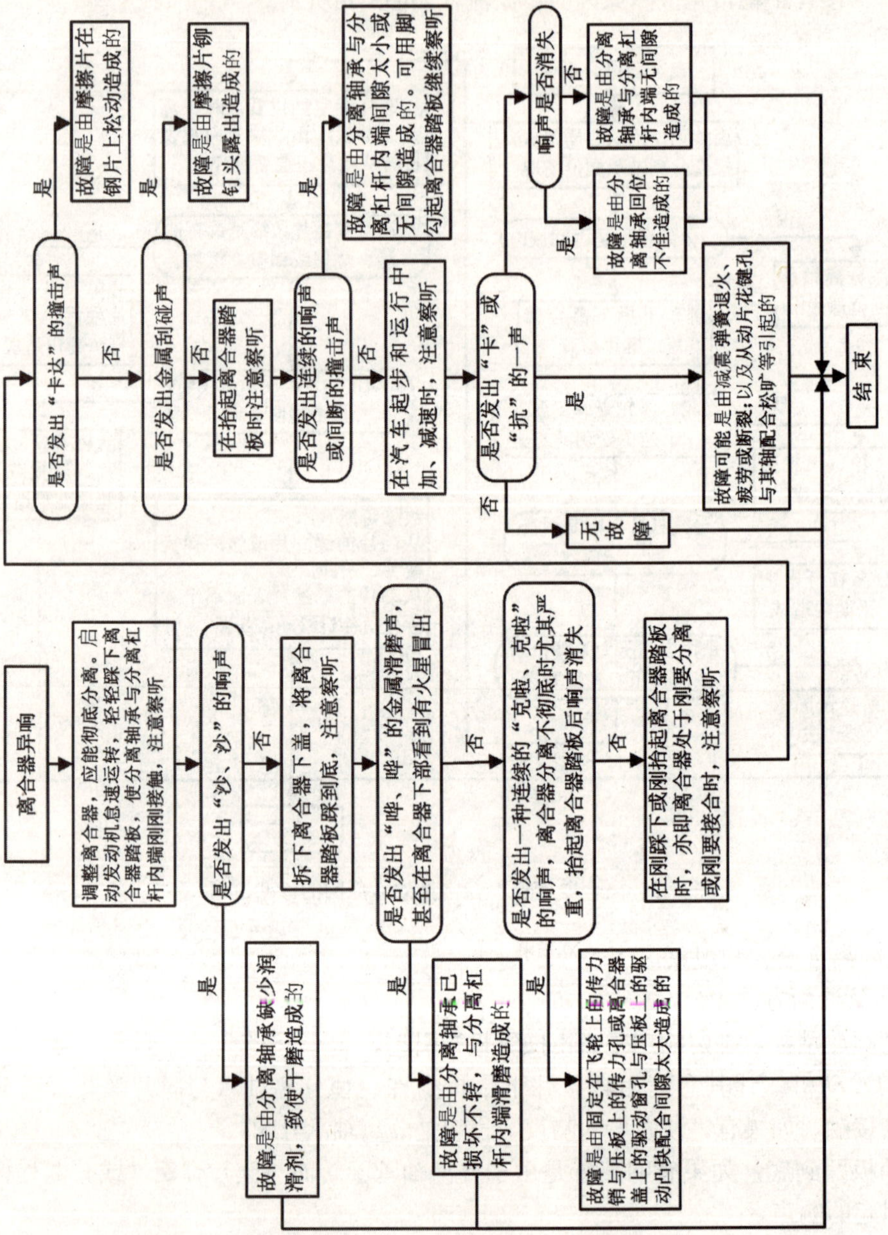

图3-25 离合器异响常见故障原因的诊断流程

八、学习效果评价

1. 理论评价

用与本教材配套的教学资源库中的考试系统进行在线测试。

2. 技能评价

技能评价评分表如表3-2所列。

表3-2 技能评价评分表

<table>
<tr><td colspan="8">姓名：　　　　学号：　　　　用时：</td></tr>
<tr><td>考核项目</td><td colspan="2">评分项目</td><td>评价标准</td><td>分 值</td><td>学生自评</td><td>学生互评</td><td>教师评价</td></tr>
<tr><td>时间要求（5分）</td><td colspan="2">按规定时间完成项目</td><td>未按时完成扣5分</td><td>5</td><td></td><td></td><td></td></tr>
<tr><td rowspan="3">项目及要求（70分）</td><td colspan="2">离合器踏板的测量和调整</td><td>1离合器踏板高度测量和调整正确
2离合器踏板自由行程检查和调整正确</td><td>20</td><td></td><td></td><td></td></tr>
<tr><td colspan="2">离合器的拆装及检测</td><td>① 飞轮、离合器及螺栓上做好标记，拆卸后要按顺序摆放
② 拆装顺序正确
③压盘测量及调整项目（膜片的磨损、弹力和高度）要做完
④摩擦片的测量项目（厚度、烧蚀、平面度、减震弹簧、花键毂配合跳动量）
⑤ 分离轴承、分离拨叉磨损情况</td><td>35</td><td></td><td></td><td></td></tr>
<tr><td colspan="2">常见故障的检测与排除</td><td>熟悉常见故障的诊断流程
（选做项目，总分仍控制在100以内）</td><td>15</td><td></td><td></td><td></td></tr>
<tr><td rowspan="8">着装等情况（10分）</td><td rowspan="2">工作着装</td><td>干净整洁，无配饰</td><td>未按工作要求着装扣1分</td><td>2</td><td></td><td></td><td></td></tr>
<tr><td>穿着工作鞋</td><td>未穿工作鞋扣1分</td><td>1</td><td></td><td></td><td></td></tr>
<tr><td rowspan="3">作业中</td><td>工作台摆放</td><td>摆放无序扣 1分</td><td>1</td><td></td><td></td><td></td></tr>
<tr><td>量具放置</td><td>随意摆放一次扣1分</td><td>1</td><td></td><td></td><td></td></tr>
<tr><td>工具车及工具及时复位</td><td>不及时复位扣1分</td><td>2</td><td></td><td></td><td></td></tr>
<tr><td rowspan="3">车辆零件及时清洁</td><td>场地清洁</td><td>清洁不到位扣1分</td><td>1</td><td></td><td></td><td></td></tr>
<tr><td>废弃物处理</td><td>不按要求处理废弃物扣1分</td><td>1</td><td></td><td></td><td></td></tr>
<tr><td>设备等清洁归位</td><td>未清洁设备及归位扣1分</td><td>1</td><td></td><td></td><td></td></tr>
<tr><td rowspan="4">工作安全（10分）</td><td rowspan="4">整体操作中</td><td>作业操作</td><td>操作姿势不正确扣1分，操作不规范扣1分</td><td>3</td><td></td><td></td><td></td></tr>
<tr><td>设备使用</td><td>操作不规范</td><td>5</td><td></td><td></td><td></td></tr>
<tr><td>操作中人身损伤</td><td>出现人身损伤，总分计0分</td><td>2</td><td></td><td></td><td></td></tr>
<tr><td>重大安全事故</td><td>出现重大事故停止操作，总分计0分</td><td></td><td></td><td></td><td></td></tr>
<tr><td rowspan="2">工单填写情况（5分）</td><td rowspan="2">工单填写</td><td>整齐如实填写</td><td>未如实填写每次扣1分</td><td>3</td><td></td><td></td><td></td></tr>
<tr><td>作业前查看，作业后及时填写</td><td>作业前不查看、作业后不及时填写每次扣1分</td><td>2</td><td></td><td></td><td></td></tr>
<tr><td colspan="4">本项目得分</td><td>100</td><td></td><td></td><td></td></tr>
<tr><td colspan="8">日期：</td></tr>
</table>

九、课后练习

（1）膜片式弹簧离合器常见的故障有哪些？

（2）简要说明离合器分离不彻底的常见原因，并指出其解决方法。

项目四　制动系的检查与修理

一、情景导入

1. 情境描述

一辆五菱之光微型汽车进厂修理，客户反映：该车制动器制动力矩不足，并在制动时会有拖滞异响等现象，需对制动器进行检修。

2. 问诊信息

问诊信息表如表4-1所示。

表4-1 问诊信息表

客户姓名		车型及年款	
驾驶员姓名		车架号	
车辆入厂日期		发动机型号	
牌照号码		里程表读数	
制动方式		手刹类型	

二、实训要求

（1）时间要求：建议8学时。

（2）质量要求：在满足厂家的生产规范及质量要求前提下，能够熟练快速地诊断与排除故障。

（3）安全要求：严格按照安全操作规程进行项目作业。

（4）文明要求：自觉按照文明生产规则进行项目作业。

（5）环保要求：努力按照环境保护要求进行项目作业。

三、技能及素养目标

（1）能合理选择并熟练使用各种相关维修工具；

（2）具有安全操作和环保意识；

（3） 能根据检测结果分析并排除故障；

（4） 规范使用举升机，特别注意举升机的安全锁止；

（5） 规范使用机油压力表，防止机油泄漏，一旦泄漏，要及时清洁；

（6） 会调整手刹；

（7） 会调整行车制动器；

（8） 会调整制动踏板高度及自由行程；

（9） 会排管路内空气以调整行车制动器。

四、实训准备

1. 场地准备

※ 视实际情况安排场地。

2. 车辆、工具、设备准备

（1） 车辆：五菱之光微型车。

（2） 普通工具：组合工具、扭力扳手、锤子、压力机、铜棒。

（3） 专用工具：拆装工具组件，手柄组件、制动器和真空助力器拆装工具、前悬架衬套成套组件、2号拆装工具组件、拉出器A组件、前轮毂内轴承内圈拆装工具。

（4） 检测工具：游标卡尺、内径千分尺、真空表、压力表、踏板力测力计。

3. 相关耗材准备

齿轮油、滑动滚珠轴承、油封、通用润滑脂、滚锥轴承、密封胶（五菱原厂黏合剂、密封胶或同等产品）、O形密封圈、抹布、黏合剂、机油、手套等。

4. 作业前准备工作

（1） 汽车进入工位前，将工位清理干净，准备好相关的器材。

（2） 将汽车停驻在举升机中央位置。

（3） 解除驻车制动，拧松车轮螺母，但不卸下车轮。

（4） 套上转向盘护套、变速杆手柄套和座位套，铺设脚垫。

（5） 在车内拉动发动机舱盖手柄，在车外打开并支撑发动机舱盖。

（6） 用举升机将汽车举起，并用安全支架支撑好车辆，然后拆下轮胎螺母，卸下车轮。

五、教学组织

1. 教学组织形式

本课程为“工艺化”实训课，实训教师1名，学生24名，实训室共6个实训工位，按照每6人1个工位编组。

2. 学生的站位分工和要求

学生按规定的工位站立，两名学生一组，轮流进行，按教师的指令分工协作、实行角色轮换制进行操作。

3. 实训教师职责

播放教学视频，并讲解实训任务的操作步骤和相关注意事项；做好学生角色轮换分工。下达操作口令；巡视、检查、指导和纠正学生操作中的错误；课堂总结；组织学生对实训场地及设备进行清洁、整理。

4. 学生职责

认真观看教学视频；完成教师布置的任务；做好课后的清洁、整理工作。

六、基本操作项目

（一）排空气的顺序与方法和注意事项

液压制动系统必须排净空气后，方可正常使用。首先应检查系统内管路连接是否良好，并在制动主缸贮液室内加足制动液，拧紧加油口盖后再按以下方法排出空气。

1. 排空气方法

（1）单回路液压制动系统空气的排除。

① 常规排气法：一人在驾驶室内连续多次踏、抬制动踏板，使踏板逐渐变硬，升高至一定程度后，踏住不动。另一人按先排后轮、后排前轮的顺序，即先远后近的方法逐一将轮缸放气螺钉稍微旋松，使夹有气泡的制动液涌出。此时，踏板位置下降，若空气未予排净，需拧紧放气螺钉，再次踏动踏板，使其发硬，并踏住踏板不动，然后再拧松放气螺钉，直至放气螺钉处流出的制动液成一直线状、且无气泡时再拧紧放气螺钉即可。

为避免浪费制动液，可用一塑料管套放在放气螺钉处，将塑料管插入瓶中。若在排气过程中，主缸内油面下降过多时，应及时予以补充。

对装有真空增压器的液压制动系统，放气时应在发动机正常低速运转下进行，不能熄火放气，且应先放出辅助缸内的空气。

② 余压排气法：利用液压制动系统的残余压力进行排气的一种方法，其操作步骤如下：

- 检查主缸内油面，不足时添加。将制动踏板踏到底，待制动液完全充满轮缸时，抬起踏板，停留5～10s，再重复操作。
- 慢踏快抬制动踏板1～2次，间隔3～5s，待完全抬起后，拧松轮缸放气螺钉，用制动系内残存的150～200kPa压力排气，隔1～2s，拧紧放气螺钉，连续1～2次，一个轮缸内的空气可排放干净，再依次排放其他轮缸的空气。

此法的优点是制动系统内压力低，气体不会变成小气泡渗入到制动液内，便于排出，且一人可操作，省时、省力、节约制动液。

（2）双回路液压制动系统排放空气的方法。

若检修某一回路时，只需对某一回路的轮缸排除空气，未检修的另一回路不必排气；但放气后踏板制动感到过软时，则需对整个系统排放空气。

排气方法与单回路相似，即以制动主缸为中心，先远后近。

（3）排放空气的注意事项。

① 添加制动液时，不要摇晃制动液瓶，防止空气混入制动液中。

② 从放气螺钉处回收的制动液不能立即加入贮液室中，需经4～5天静置后方可使用。

③ 不能用拧松轮缸油管接头的方法来排气，必须从放气螺钉处排出。若放气螺钉折断，应予修理或更换轮缸。

④ 应使用推荐的制动液，防止不同制动液混合，否则制动液将会出现分层、沸点降低，影响制动性能。

⑤ 在放气过程中应随时观察制动主缸贮液室的液面高度，不足时及时添加。

2. 制动管路中空气的排除

每次拆修五菱之光微型汽车制动管、制动软管、制动主缸或分缸时，或感觉制动踏板过软且又无泄漏之处时，应进行制动管路的排气，具体操作步骤如下：

① 擦净主缸加制动液口，旋开螺塞，加入制动液至充满贮油室为止。

② 由距离主缸最远的一个制动轮缸开始，旋开轮缸外面放气阀的螺塞，另以带有橡皮管的特制接头旋入螺塞的孔中，并将橡皮管的另一端浸入盛有制动液的玻璃容器中，松开放气阀1/4～1/2转。

③ 接连踏下制动踏板4～5次，然后再将主缸加满制动液。

④ 踩动制动踏板时，注意观察容器内液面下的皮管口至无气泡出现为止，拧紧放气阀，旋下放气皮管接头，装回放气螺塞，擦净轮缸上的油液。

⑤ 以同样的方法，按右后轮→左后轮→右前轮的顺序对各制动缸进行放气。

⑥ 制动系统排出空气后，应向主缸内补充制动液至规定高度位置为止。

（二）调整手刹

1. 驻车手柄行程的调整

五菱之光微型汽车驻车制动手柄行程的调整：握住驻车制动手柄，以200N的力慢慢向上拉起制动手柄，直到驻车制动器被安全制动，其行程为3～8个齿。若其行程在8个齿以上，说明制动器上的制动蹄与制动鼓之间的间隙过大，必须调整至规定值。调整方法与车轮制动器相同，通过制动鼓上的孔，插入一字形螺丝刀，从零间隙位置往回调整螺母3～6个齿。若仍达不到要求，调整制动钢索长度。

2. 制动钢索长度的调整

调整制动钢索长度前，应保证左右后轮的制动间隙在规定的范围内，如图4-1所示。旋松制动拉索总成的左软管15端部螺管9上的两个螺母8，根据手柄实际转动量与规定转动量的差额情况，调整螺管穿过横梁B的支架拉索10。若驻车制动手柄转动量过大，可调小*L*值；反之，调大*L*值。手柄转动量符合要求后，拧紧锁紧螺母8。

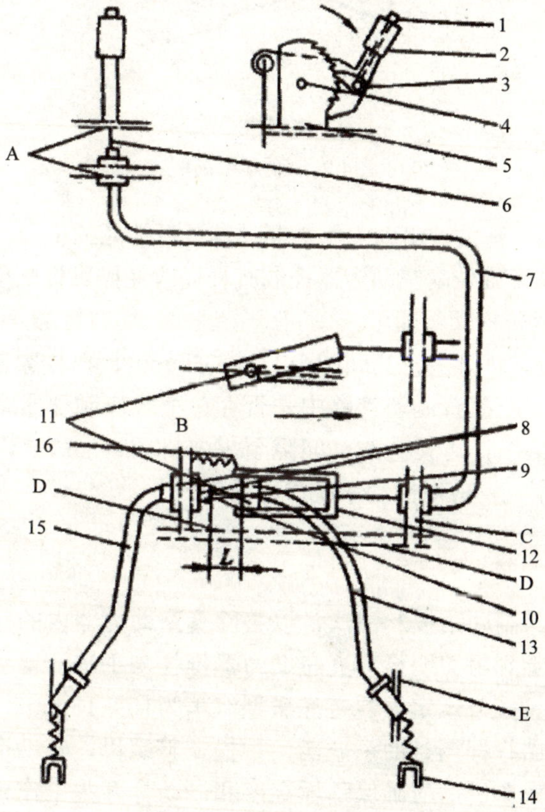

1—按钮　2—制动手柄　3—卡子销　4—销钉　5—棘轮板　6—驻车制动操纵拉索　7—驻车制动操纵拉索总成　8—锁紧螺母　9—螺管　10—拉索　11—叉销　12—拉索叉　13—驻车制动拉索总成　14—拉索接头　15—驻车制动拉索总成　16—锁紧弹簧　A—驾驶室底板　B、C—横梁支架　D—横梁　E—制动器支撑板　*L*—驻车制动拉索长度

图4-1　调整制动钢索长度

（三）调整制动踏板高度及自由行程

1. 制动踏板高度的检查与调整

如图4-2所示，以300N的力踩住制动踏板，制动踏板距驾驶室壁的距离：五菱之光微型汽车制动踏板高度的标准值为153～158mm，如不在此范围内，则应进行调整，调整的方法如下：

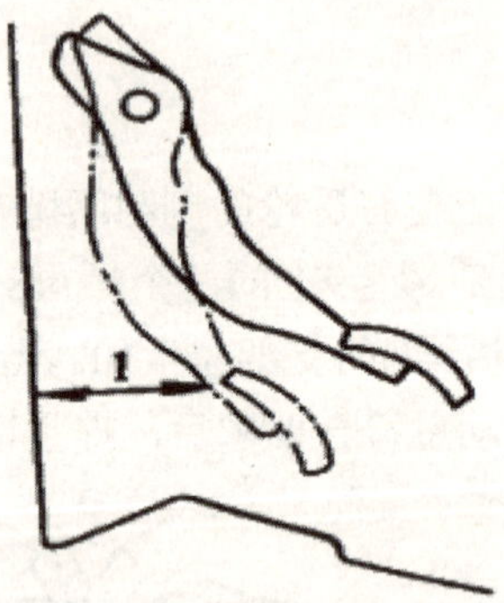

1—制动踏板高度

图4-2 制动踏板高度

（1） 把行车制动灯开关拧出到它不与制动踏板杆接触的位置。

（2） 拧松防松螺母旋转真空助力器控制阀杆以改变操纵杆长度，即可调整制动踏板的高度，合适后再拧紧防松螺母即可。

（3） 重新调合制动灯开关，其间隙为0.5～1.5mm，同时拧紧制动灯开关锁紧螺母。若此距离小于规定值，应检查制动管路中是否存在空气或制动器摩擦片是否磨损严重。若制动器摩擦片发生磨损，可调整制动间隙至规定值（3～6齿），必要时更换摩擦片总成；若制动管路进入空气，应对制动系统进行排气。

2. 制动踏板自由行程的调整

在发动机停止时踩制动踏板2～3次，以去除真空助力器内的残余真空度，然后再压下制动踏板，直到感觉到阻力明显（真空助力器推杆与主缸活塞接触）为止，此时踏板的行程即为自由行程。其值规定五菱之光微型汽车为10～15mm。图4-3所示为五菱之光微型汽车制动踏板自由行程调整的示意图，拧松调整螺母，转动推杆，便可调整制动踏板的自由行程。调整完毕后，应确保踏板高度和制动灯开关工作正常。若调整后，制动踏板的自由行程仍不符合规定，检查踏板臂轴螺栓和总泵的安装是否松动，部件是否磨损严重。如有不良，应紧固或更换。同时检查踏板回位弹簧和制动灯开关总成是否装配正确，必要时进行适当调整。

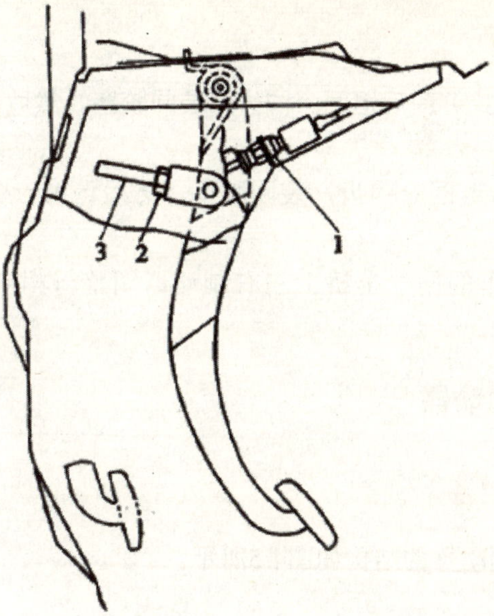

1—锁紧螺母　2—调整螺母　3—推杆

图4-3 制动踏板自由行程调整的示意图

（四）调整行车制动器

1. 制动器制动间隙的调整

（1） 顶起车体，放下驻车制动手柄。注意要用三角木顶稳另一车桥上的轮子。轻轻转动轮子，此时应无异常声响。如有异常声响，先查找原因并排除。

（2） 拆下制动间隙调整孔橡胶塞，将一字形螺丝刀从调整口插入，拨动制动间隙调整齿形螺母，使制动蹄张开锁住制动鼓，此时制动间隙为零，如图4-4所示。

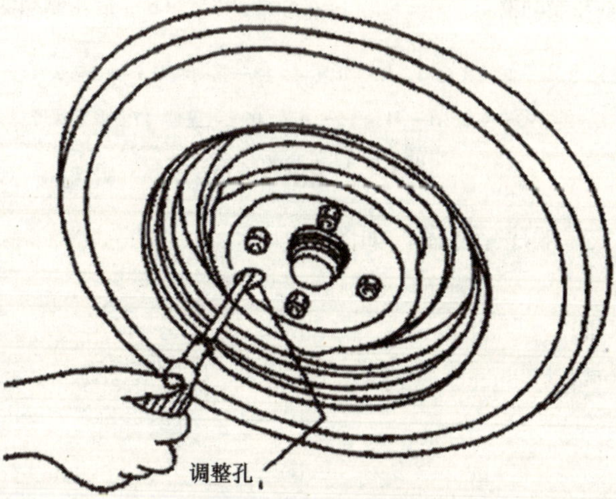

图4-4 制动间隙调整孔

2. 制动器齿数的调整

（1） 前制动器（鼓式）：后退回6～7齿，装回胶塞。然后调另一个制动轮，调整到相同齿数。

（2） 后制动器：后退回3～4齿，装回胶塞。然后调另一个制动轮，调整到相同齿数。

调整时应使同一辆车的同一车桥上左右制动器调整得相同，以保证左右制动力相等。

（五）拆装车辆制动器

1. 拆卸和安装制动装置

五菱之光微型汽车制动器的结构如图4-5所示。

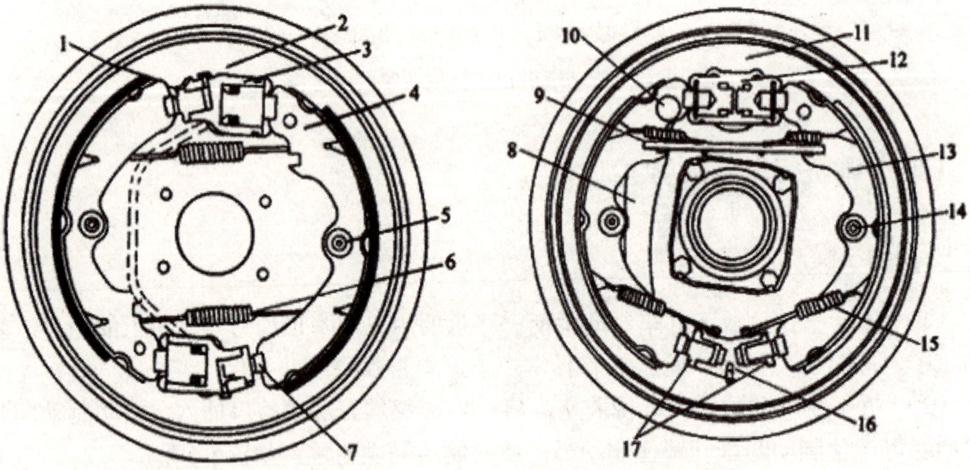

（a） 前轮制动器　　（b） 后轮制动器

1、7—调整螺钉 2、4—制动底板 3、12—分泵 4、13—制动蹄 5、14—扁头钉 6—回位弹簧 8—摇臂 9—支板 10—柱销 15—弹簧 16—调整器 17—调整螺母

图4-5 制动器的结构

制动装置拆卸和安装顺序示意图，如图4-6所示。

（1） 拆卸顺序：

① 前、后制动软管；

② 前、后制动液管；

③ 真空软管；

④ 助力器托架；

⑤ 总泵总成；

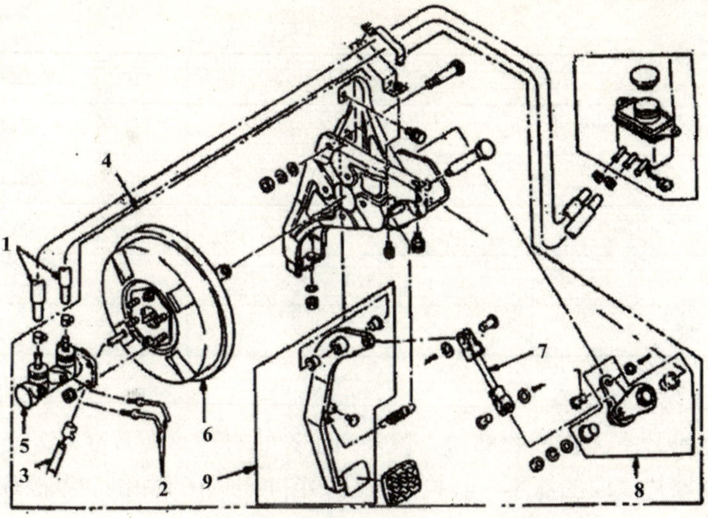

图4-6 制动装置拆卸和安装顺序示意图

⑥ 助力器总成；

⑦ 连杆；

⑧ 中继杆；

⑨ 制动踏板。

（2） 安装顺序与拆卸顺序相反。

2. 检修车轮制动器

（1） 制动鼓的拆装与检修：

① 制动鼓内径工作面上，不得有任何裂纹。如有细小沟痕和轻微的擦伤，允许使用。

② 制动鼓磨损起槽或产生显著的沟纹，以及圆度误差小于0.2mm时，应用车床修正。要求同轴上两侧制动鼓尺寸应一致，其误差不得超0.1mm，以防误差过大，造成制动跑偏。测量制动鼓内径的方法如图4-7所示。制动鼓内径尺寸见表4-2所列。

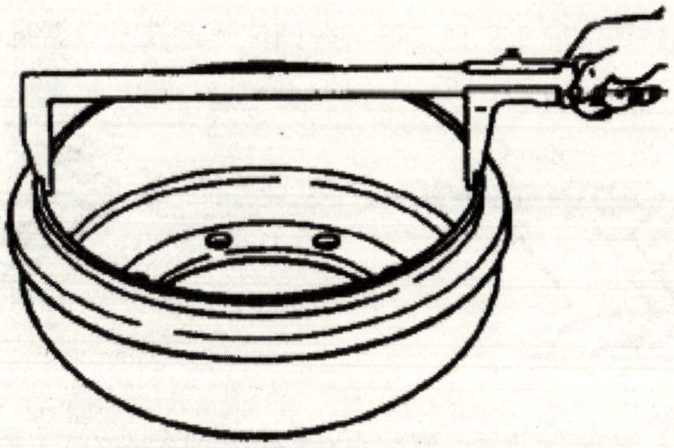

图4-7 测量制动鼓内径的方法

表4-2 制动鼓内径（单位：mm）

	标 准 值	使用限度
内径	220	221.0
	279	281.0
	300	301.4
	320	321.5
不圆度	0.13	--

（2）制动摩擦片的检查。

检查制动摩擦片有无伤痕和磨损，以及由于过热导致摩擦片变质，必要时应更换。检查铆钉头至摩擦片表面的深度，其检查方法如图4-8所示。如制动摩擦片磨损到使用限度1mm时应更换。

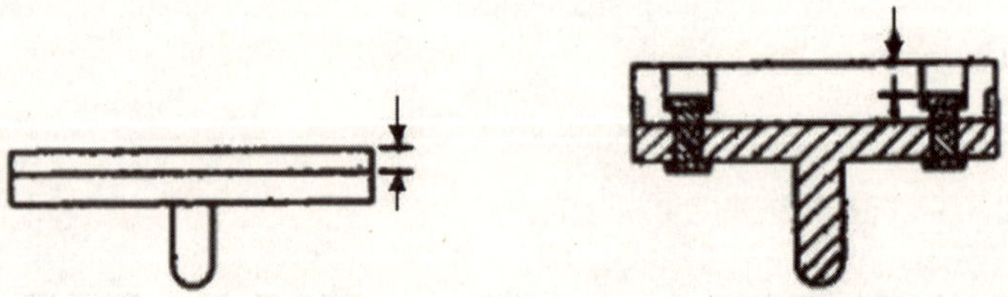

单轮胎，低后货箱　　双轮胎

图4-8 检查摩擦片厚度的方法

（3） 制动底板的检查。

检查制动底板有无裂纹和异常变形。必要时应更换。

（4） 制动蹄的检查。

检查制动蹄有无变形、裂纹和不均匀磨损，必要时应更换。

（5） 制动蹄回位弹簧的检查。

检查两侧制动蹄回位弹簧的张力是否一致，检查弹簧张力的方法如图4-9所示。如弹簧张力大小不一致或锈蚀，应予更换。制动蹄回位弹簧技术数据见表4-3所列。

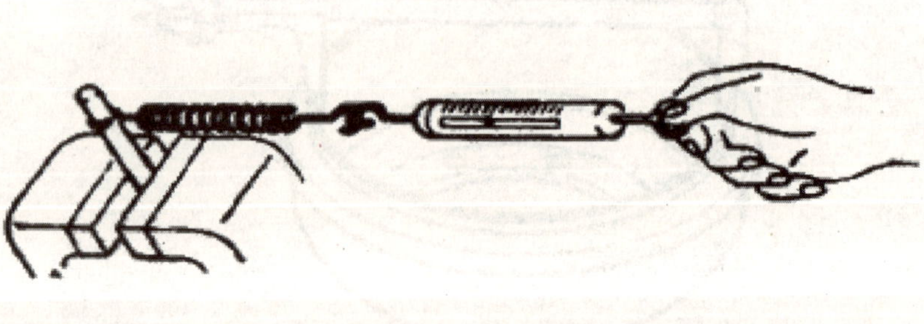

图4-9 检查回位弹簧张力的方法

表4-3 回位弹簧技术数据

型　号	自由长度/mm	负荷长度/mm	负荷/N
NHRS/T	176.8	193.4	135～165
NHRF/LNKRF/L	147.0	163.0	144～176
NKRS/T	195.7	208.5	149～181
NKRD/T NPR57	191.2	204.0	180～220
NPR59	208.0	224.0	225～275

（6） 制动分泵的检查。

先用干净的制动液，将分泵零件清洗干净，如图4-10所示。检查分泵内部和活塞有无损伤及磨损是否严重。测量分缸与活塞的间隙，如间隙超过0.15mm，应更换。

图4-10 清洁分泵零件

① 检查活塞皮碗有无老化、变形和损伤，必要时应更换。

② 检查分泵弹簧是否变形和损坏，必要时应更换。

（7） 检查制动软管。

检查制动软管有无裂纹和破损，为确保安全，每年应更换一次。

3. 制动器的装配

车轮制动器装配顺序如图4-11所示。

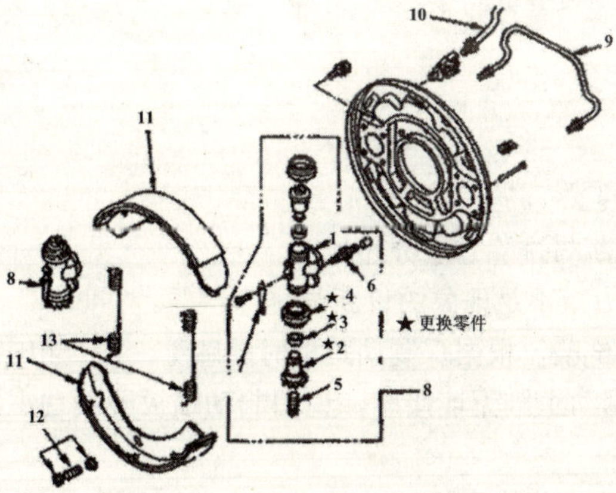

1—分泵体 2—活塞 3—皮碗 4—护罩 5—调整螺钉 6—放气螺钉 7—止动器 8—动力分泵 9、10—制动液管 11—制动蹄片 12—支承弹簧 13—回位弹簧 14—分泵总成

图4-11 车轮制动器装配顺序

① 安装分泵活塞皮碗时，先将活塞皮碗涂上干净的制动液，将碟形侧对着制动分泵，然后将皮碗插进，注意不要损坏唇边。

② 安装调节器时，使浅槽一侧朝外，如图4-12所示。

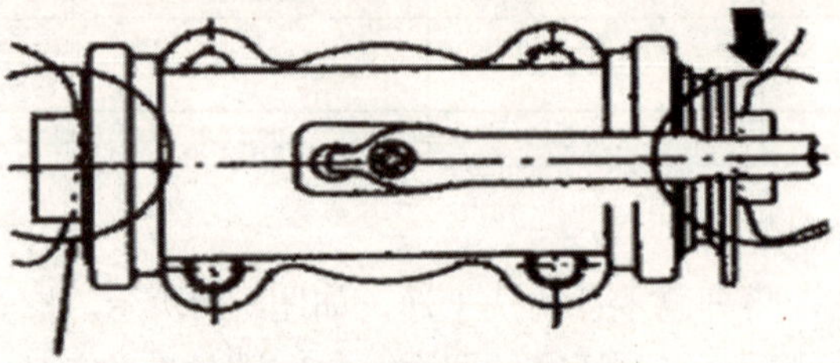

图4-12 调节器的安装

③ 车轮制动分泵总成的安装，安装车轮制动分泵总成拧紧力矩见表4-4所列。

表4-4 制动泵总成拧紧力矩

型 号	力矩/N·m
单轮胎	20～35
NKR D/T	30～40
NPR	38～50

七、拓展项目

1. 制动系统常见故障的检测与排除

制动系统有以下常见故障现象：

（1） 制动失效、力矩不足；

（2） 制动不灵；

（3） 制动跑偏；

（4） 制动拖滞；

（5） 驻车制动不良。

制动系统故障的诊断与排除方法分述如下。

（1） 制动失效、力矩不足现象的诊断与排除。

首先踩动制动踏板试验，根据踩制动踏板时的感觉，检查相应的有关部位。

① 若制动踏板与制动主缸无连接感，说明制动踏板至制动主缸的连接松脱，应检查修复。

② 踩下制动踏板时，若感到很轻，稍有阻力感，则应检查主缸储液室内制动液是否充足。若主缸储液室内无液或严重缺液，应添加制动液至规定位置。再次踩下制动踏板时，若仍没有阻力感，则应检查制动主缸至制动轮缸的制动软管或金属管有无断

裂漏油。

③ 踩下制动踏板时，虽然感到有一定的阻力，但踏板位置保持不住，明显下沉，则应检查制动主缸的推杆防尘套处是否有制动液泄漏。若有制动液泄漏，说明制动主缸皮碗破裂；若车轮制动鼓边缘有大量制动液，则应检查制动轮缸皮碗是否压翻、磨损是否严重。

制动失效诊断流程如图4-13所示。

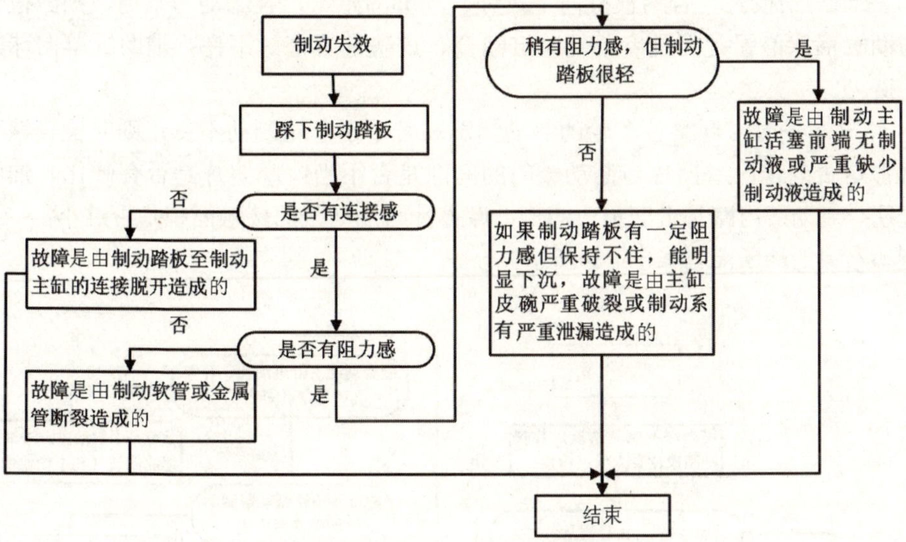

图4-13 制动失效诊断流程图

（2） 制动不灵现象的诊断与排除。

踩动制动踏板做制动试验，根据踩制动踏板时的感觉，检查相应的部位。

① 一脚踩下制动踏板到底且无反力；连续几次踩制动踏板都能踩到底，且感觉阻力很小。则应检查贮液室中制动液液面高度是否符合要求，若液面低于下线或“MIN”线以下，说明制动液液面太低；检查制动踏板连动机构有无松脱。

② 连续几脚踩制动踏板时，踏板高度仍过低，并且在第一脚制动后，感到总泵活塞未回位，踩下制动踏板时，有制动主缸与活塞碰击响声，则应检查主缸的活塞回位弹簧是否过软；主缸的皮碗是否破裂。

③ 连续踩几次制动踏板时，踏板高度低而软，则应检查制动主缸的进油孔或贮液室的通气孔是否堵塞。

④ 一脚踩下制动踏板时，踏板高度过低；连续几脚踩下制动踏板时，踏板高度稍有增高，并有弹性感。则应检查系统内是否存有气体。

⑤ 一脚踩下制动踏板时，踏板高度较低；连续几脚踩下制动踏板时，踏板高度随之增高且制动效能好转，则应检查制动踏板的自由行程及制动器的间隙。

⑥ 维持制动踏板高度时，若缓慢或迅速下降，则应检查制动管路是否破裂、管接头是否密封不良；主缸、轮缸皮碗或皮圈密封是否良好。

⑦ 安装真空增压器或助力器的车辆，踩下制动踏板时，若踏板高度适当但太硬，且

制动不灵，则应检查增压器或助力器的工作情况；检查制动系油管是否有老化、凹瘪、制动液黏度太大。

检查增压器或助力器的两阀时可按下述方法检查：车辆制动时，同时观察发动机怠速转速的变化。如果不踩制动踏板时，发动机怠速运转良好，但踩下制动踏板后，发动机怠速运转不稳，则可能是真空增压器或真空助力器的真空阀密封不严。如果不踩制动踏板时，发动机怠速运转也不稳，则可能是增压器或助力器的空气阀密封不严。

⑧ 踩制动踏板时，若踏板有向上反弹、顶脚的感觉，且制动力不足，则应检查增压器的辅助缸活塞磨损是否过度；辅助缸活塞、皮碗是否密封不良；辅助缸单向球阀是否密封不良。

⑨ 路试车辆时，观察各车轮的制动情况。若个别车轮制动不良，则应检查该车轮的制动软管是否老化；摩擦片与制动鼓间的间隙是否不当；摩擦片是否有硬化、油污、钉外露现象；制动鼓内臂是否磨损成沟槽；摩擦片与制动鼓的接触面积是否过小。

制动不灵的诊断流程如图4-14所示。

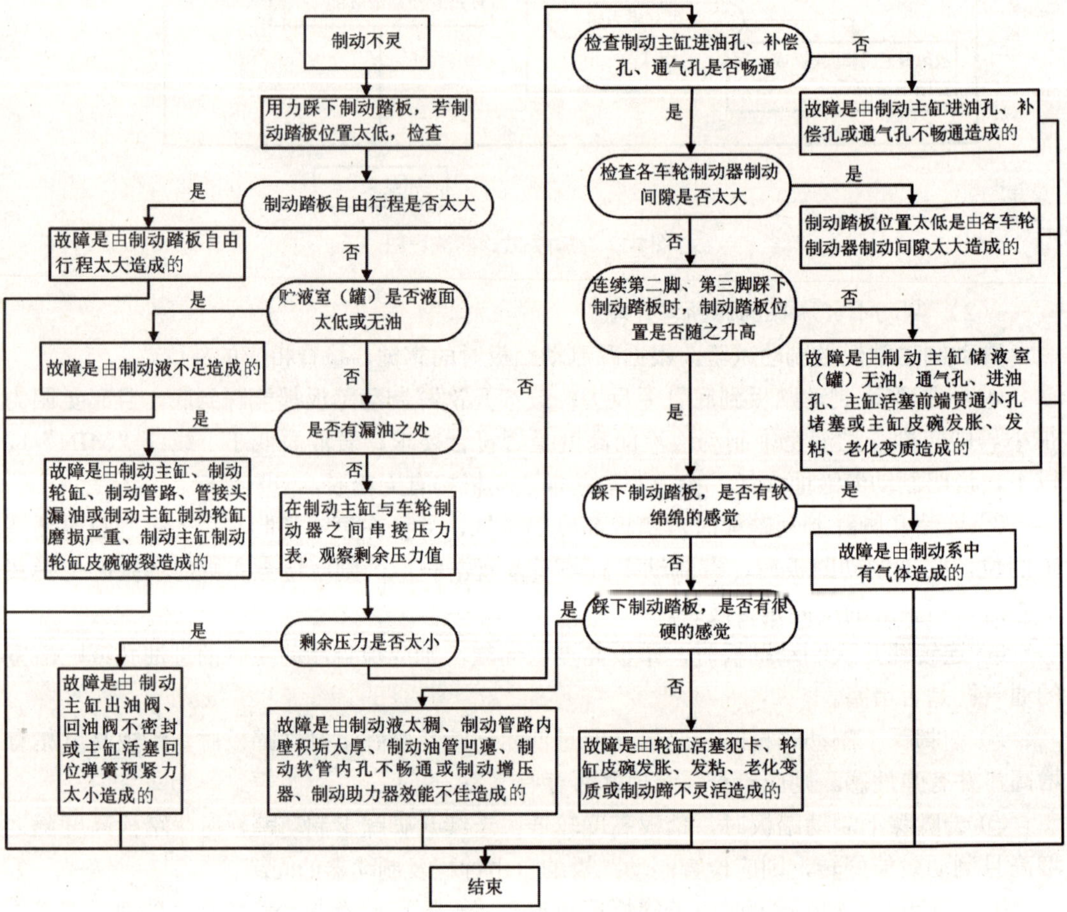

图4-14 制动不灵诊断流程图

（3）制动跑偏现象的诊断与排除。

制动跑偏的根本原因是左右车轮的制动力不等。一些不属于制动系的零件，其技术状况不良时，即影响到车辆正常行驶时的跑偏，也影响到了制动时的跑偏。

① 若车辆正常行驶时亦有跑偏现象，则首先做以下外观检查：检查左右车轮轮胎气压、花纹和磨损程度是否一致；检查各减震器是否漏油或失效；检查悬架弹簧是否折断或弹力是否一致。

② 支起车轮，用手转动和轴向推拉车轮轮胎。若一侧车轮有松旷或过紧感觉，应重新调整轴承的预紧度；若转动车轮有发卡或异响，应检查该轮轮毂轴承是否破损或毁坏。

③ 对汽车进行路试。制动后，若汽车向一侧跑偏，则为另一侧的车轮制动不良。

首先对该车轮制动器进行放气，若无制动液喷出，说明该轮制动管路堵塞，应予以更换。若放出的制动液中有空气，说明该轮制动管路中混入空气，应予以排放。

观察该轮制动器间隙，若制动器间隙过大，说明制动蹄摩擦片磨损严重或制动自调装置失效，应更换。

上述检查正常，应拆检该轮制动器。检查制动盘或制动鼓是否磨损过甚或有沟槽，若磨损过甚，应更换；若有严重沟槽，应车削或镗削；检查制动蹄摩擦片（摩擦衬块）是否有油污或水湿及磨损过甚，若摩擦片（衬片）有油污或水湿，应查明原因并清理；若摩擦片磨损过甚，应更换；检查制动轮缸或制动器活塞，若有漏油或发卡现象，应更换。

④ 若制动时，出现忽左忽右跑偏现象，则应检查前轮定位是否符合要求，若前轮定位不正确，应调整；检查转向传动机构是否松旷，若松旷，应紧固、调整或更换。

⑤ 若在制动时，车辆出现甩尾现象，应检查感载比例阀是否有故障。

制动跑偏现象的诊断流程如图4-15所示。

（4）制动拖滞现象的诊断与排除。

① 将汽车支起，在未踩制动踏板的情况下，用手转动车轮。若某一车轮转不动，说明该轮制动器拖滞；若全部车轮转不动，说明全部车轮制动器拖滞。

② 若为个别车轮制动器拖滞，首先旋松该轮制动轮缸的放气螺钉，若制动液急速喷出，随即车轮能旋转自如，说明该轮制动管路堵塞，轮缸未能回油，应更换。若车轮仍转不动，则拆下车轮，解体检查制动器。

对于盘式制动器：

- 转检制动盘的轴向跳动量，若误差过大，应磨削或更换；
- 拆检制动轮缸，若轮缸活塞发卡或密封圈损坏，应更换。

对于鼓式制动器：

- 检查制动蹄摩擦片状况，若摩擦片破裂或铆钉松动，应更换摩擦片；
- 检查制动器间隙自调装置，若有损坏，应更换；
- 检查制动鼓状况，若制动鼓圆度误差过大，应镗削或更换；检查制动蹄回位弹簧，若有折断或弹力减弱，应更换；
- 检查制动轮缸，若轮缸活塞发卡或密封圈损坏，应更换。

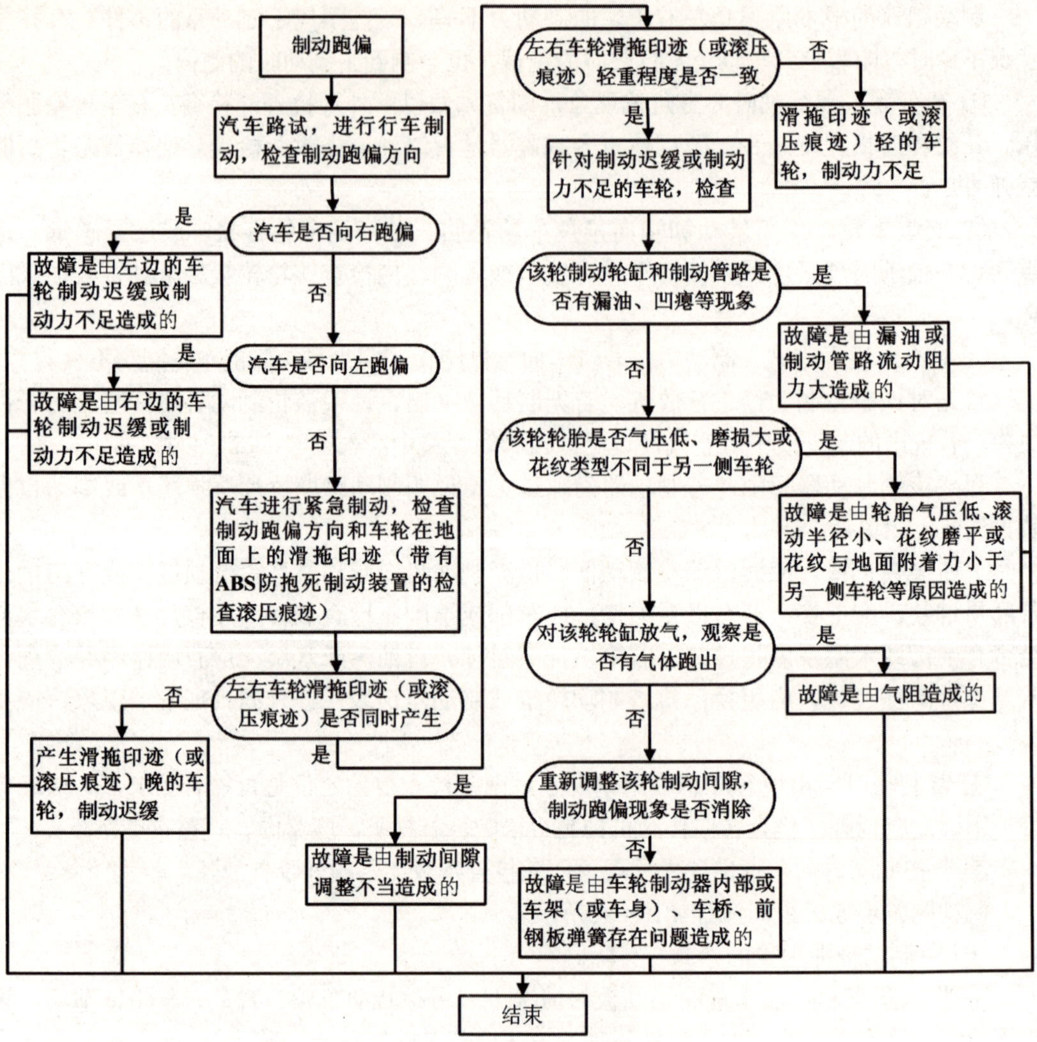

图4-15 制动跑偏诊断流程图

③ 若全部车轮制动器拖滞，则首先检查制动踏板自由行程是否符合要求，若自由行程过小，应调整。

- 检查制动踏板的回位情况，用力将制动踏板踩到底并迅速抬起，若踏板回位缓慢，说明制动踏板回位弹簧失效或踏板轴发卡，应更换或修复。
- 检查制动主缸的工作情况。打开制动液贮液室盖，由一人连续踩制动踏板，另一人观察制动主缸的回油情况。若不回油，说明制动主缸回油孔堵塞，应清洗、疏通；若回油缓慢，说明制动液过脏或变质，应更换。

制动拖滞现象的诊断流程如图4-16所示。

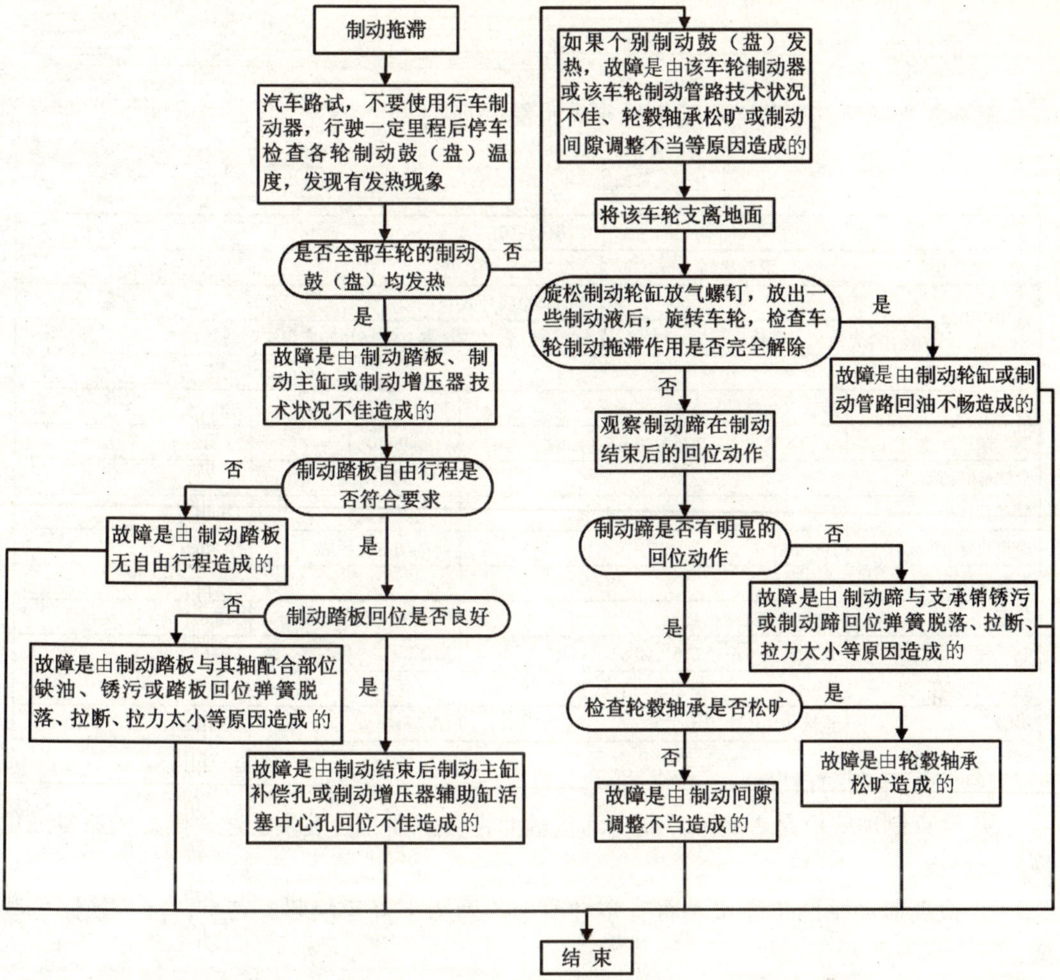

图4-16 制动拖滞诊断流程图

（5） 驻车制动不良现象的诊断与排除。

① 将汽车停放在平坦的地面上，拉紧驻车制动器操纵杆，挂入低速挡起步，若汽车很容易起步而发动机不熄火，说明驻车制动不良。

② 从驻车制动器操纵杆放松位置往上拉，直至拉不动为止。检查操纵杆的行程，若行程过大，说明操纵杆的自由行程过大，应调整。检查拉动操纵杆的阻力，若感觉没有阻力或阻力很小，说明操纵杆或绳索断裂或松脱，应更换或修复；若感觉很沉，说明操纵杆或绳索及制动器发卡，应拆检修复。

③ 从检视孔检查中央驻车制动器或后轮制动器的间隙是否符合要求，若制动器间隙过大，应调整。

④ 经上述检查均正常，应拆检驻车制动器。检查制动蹄摩擦片是否磨损过甚或有无油污；检查制动鼓是否磨损过甚、失圆或有沟槽；检查制动蹄运动是否发卡，若有发卡现象，应修复或润滑；检查制动蹄摩擦片与制动鼓的接触面积是否符合要求，若接触面

积过小，应更换或修整。

2. 制动器各零部件的检修及总装

五菱之光微型汽车制动器规格与参数如表4-5所列。

表4-5 制动器规格与参数

制动主缸			
类　型	双腔串联	内　径	20.64mm
真空助力器	类型	直动真空膜片式	
	有效工作直径	130mm（鼓式制动器）；152mm（盘式制动器）	
鼓式前制动器			
类型	鼓式（双领蹄式）	制动鼓内径	220mm
制动蹄片尺寸	弦长×宽×厚：176×40×5（mm）	前制动缸内径	23.81mm
盘式前制动器			
制动盘直径	外径 ϕ 215mm；内径 ϕ 140mm	制动盘厚度	11mm
摩擦块厚度	10mm	前制动缸内径	50.8mm
后制动器			
类型	鼓式（领从蹄式）	制动鼓内径	220mm
制动蹄片尺寸	弦长×宽×厚：176×40×5（mm）	后制动缸内径	17.46mm
驻车制动器			
类型	机械传动，作用于后轮	制动杆类型	杠杆式

（1） 行车制动器检修。

① 检查制动底板是否变形，制动蹄接触面是否磨损。若发生上述缺陷，应修复或更换制动底板。

② 检查制动蹄回位弹簧是否有塑性变形、弹力下降等缺陷。若有，应更换回位弹簧。

③ 检查制动鼓表面是否有裂纹或严重磨损，制动鼓摩擦表面是否损伤或有深槽痕。若有裂纹或磨损严重，应更换制动鼓；摩擦表面损伤不严重时，可镗削修理。

④ 检查制动蹄摩擦片表面有无龟裂、严重磨损，制动蹄是否发生变形、出现裂纹。若发生上述缺陷，应更换制动蹄摩擦片总成。摩擦片厚度的测量如图4-17所示。使用时，若摩擦片厚度超过使用极限，应更换摩擦片。

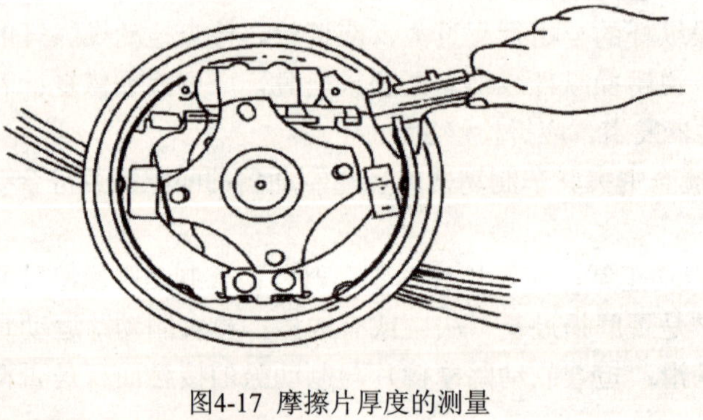

图4-17 摩擦片厚度的测量

（2）驻车制动装置检修。

① 检查制动拉索表面有无破裂，拉索接头是否损坏，拉索芯线钢丝是否折断。若发生上述缺陷，应更换拉索总成。

② 检查驻车制动手柄锁止齿板与棘爪是否变形，锁止是否可靠，放松是否灵活。若存在缺陷，应更换制动手柄总成。

③ 检查制动手柄套是否破裂、损坏、松脱。若有上述缺陷，应更换制动手柄套。

④ 扳起制动手柄时，手柄锁止应可靠；放松制动手柄时，按下制动手柄按钮应解除锁止，制动手柄回位正常。否则，调整制动手柄。

⑤ 检查制动拉索回位弹簧弹力是否下降，弹簧是否折断或变形。若存在缺陷，应更换制动拉索回位弹簧。

（3）制动总泵的检修。

① 检查制动总泵进出油管如图4-18所示，检查进出油管接头是否开裂、漏油、老化，出油阀是否失效，弹簧是否变软，O形密封圈是否失效。若存在缺陷，应予以更换。

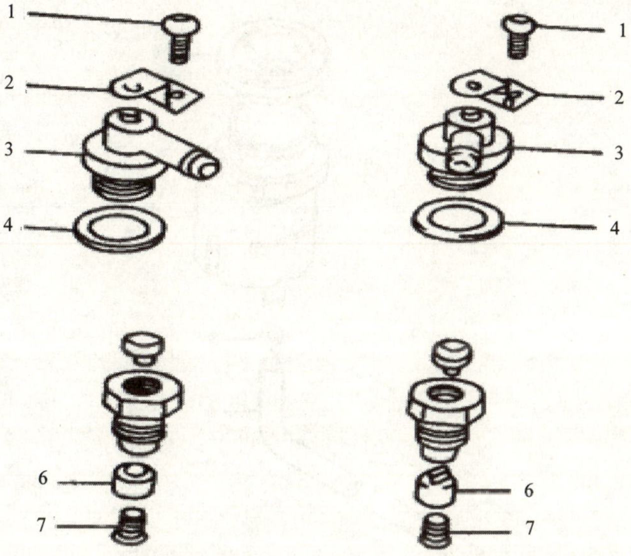

1—螺钉　2—卡子　3—进油管接头　4—O形密封圈　5—出油管接头　6—出油阀　7—弹簧

图4-18 检查制动总泵进出油管

② 检查制动总泵壳体。

制动总泵壳体和缸孔是否磨损、腐蚀、擦伤或有裂纹。若存在上述缺陷，应更换制动总泵。总泵的缸孔直径要求：松花江微型车总泵缸孔直径的标准尺寸为19.05mm，极限尺寸为19.15mm。若缸孔尺寸超过极限值，应更换制动总泵壳体。

③ 检查制动总泵活塞。

检查制动总泵活塞是否严重磨损，回位弹簧弹力是否下降，活塞皮碗是否老化破裂。在检修或更换皮碗的情况下，经分解再重新组装时，必须用自锁螺钉将总长调整到规定值，如图4-19所示。

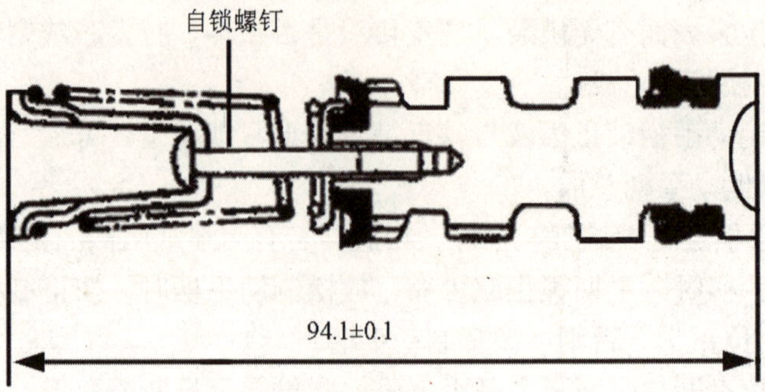

图4-19 制动总泵内主活塞长度

④ 检查制动总泵贮液罐如图4-20所示，检查制动总泵的制动液贮液罐是否渗漏、老化变形，贮液罐盖是否损坏，关闭不严，制动液软胶管是否损坏、卡箍是否有效。若存在缺陷，应予以更换。

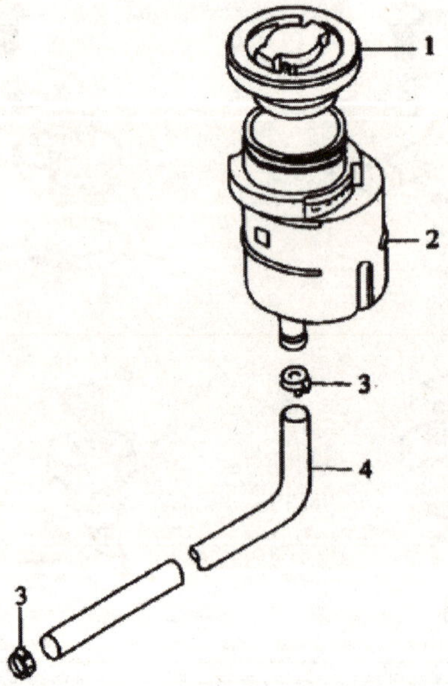

1—制动液贮液罐盖 2—制动液贮液罐 3—制动液软管卡箍 4—制动液软管

图4-20 检查制动总泵贮液罐

⑤ 制动总泵的组装。

将制动总泵安装到踏板支架上，并以25～40N·m的力矩拧紧总泵安装螺母。

安装制动总泵的活塞推杆和踏板臂，并装好开口销。安装制动总泵出油管，并以15～18N·m的力矩拧紧油管接头螺母。

（4） 制动分泵的检修。

① 检查制动分泵缸体、缸孔是否腐蚀、擦伤或有裂纹，如图4-21所示。若有上述缺陷，应更换。

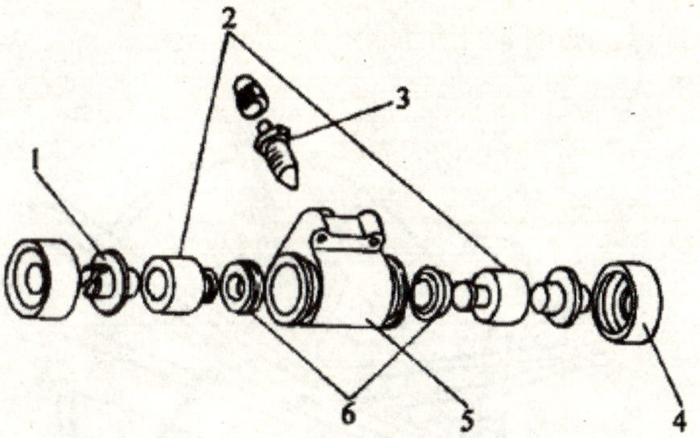

1—支柱　2—活塞　3—放气嘴　4—防尘罩　5—缸体　6—皮碗

图4-21 检查制动分泵

② 发现制动分泵渗漏制动液时，检查皮碗和防尘罩有无破损、老化变形、严重磨损。若有上述缺陷，应立即更换油封。皮碗和防尘罩是用橡胶制成的，切不可用汽油或具有相同性质的其他洗涤剂清洗，要用制动液清洗。制动分泵缸体内的零件更换周期为2年。

③ 检查制动分泵活塞回位弹簧是否变形、折断、弹力下降。若有上述缺陷，应更换。

（5） 制动器制动管路的检修与安装。

① 在制动底板和车轴的接触面涂防水密封胶，将半轴装入桥壳内，如图4-22所示。以18～28N·m的力矩将制动底板的安装螺母拧紧，如图4-23所示。

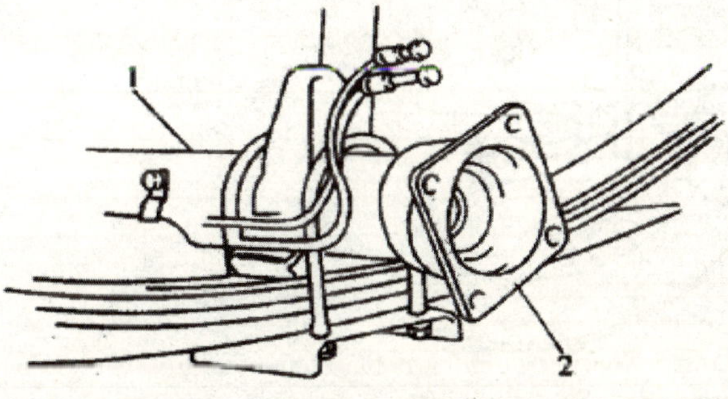

1—车桥　2—涂防水密封胶部位

图4-22 涂防水密封胶部位

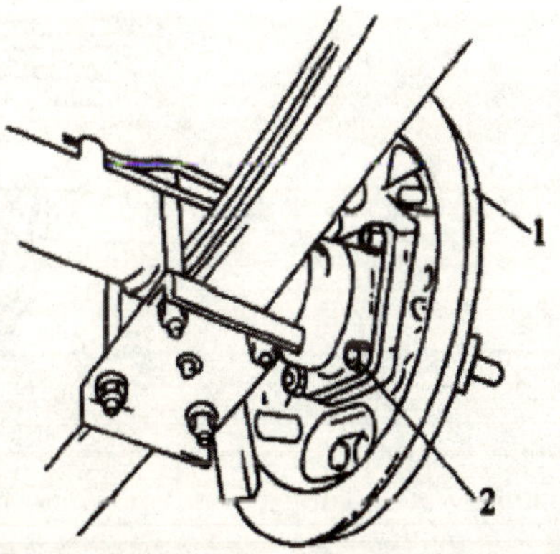

1—制动底板　2—安装螺母

图4-23 安装制动底板

② 组装制动分泵用洁净的制动液清洗制动分泵组件，在分泵活塞和密封圈表面涂上制动液，将密封圈以正确的方向安装到活塞上，并以正确的顺序将活塞、弹簧装入分泵内，在分泵壳上安装上防尘罩。

③ 将制动分泵安装到制动底板上，并以7～11N·m的力矩拧紧分泵安装螺母。

④ 从制动油管上拆下通气螺栓盖，将制动油管接到车轮制动分泵上，并以15～18N·m的力矩拧紧制动油管螺母，如图4-24所示。

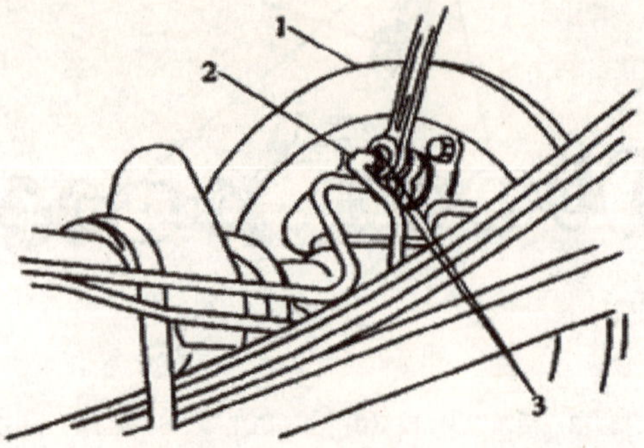

1—制动底板　2—制动油管　3—螺母

图4-24 安装制动分泵油管

⑤ 在制动底板和制动拉索接触处涂上防水密封胶，将驻车制动拉索穿过制动底板，并用卡子把制动拉索固定好，如图4-25所示。

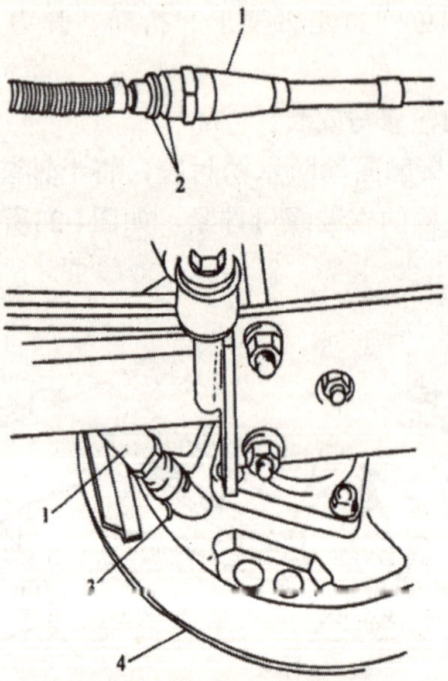

1—制动拉索　2—涂防水密封胶部位　3—拉索固定卡子　4—制动底板

图4-25 安装制动拉索

⑥ 按拆卸相反的顺序安装制动蹄摩擦片、制动间隙调整机构、回位弹簧、驻车制动拉索摇臂、压簧、拉杆等零件，并连接驻车制动拉索和驻车制动拉索摇臂。

⑦ 通过拨动制动间隙调整装置棘轮调整制动鼓两蹄片间的距离，装上制动鼓。

⑧ 安装前后车轮，并以50～80N·m的力矩，按图4-26所示序号的顺序拧紧安装螺母，装上防尘罩或装饰盖。

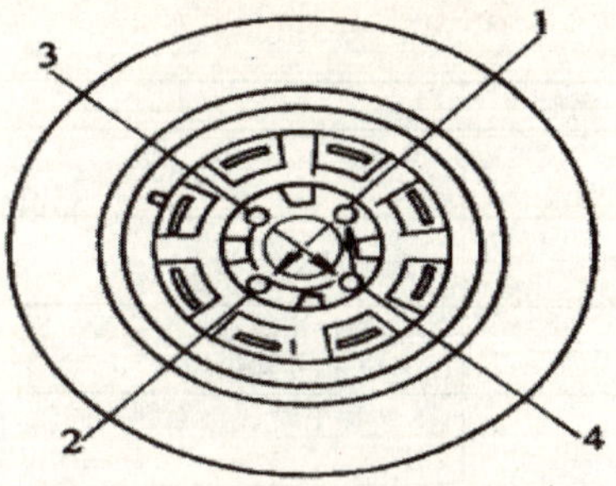

图4-26 拧紧安装螺母的顺序

（6）制动鼓的检修。

当制动鼓圆度误差超过0.25mm，工作面有较深沟槽，与轮毂轴承轴线摆差超过规定时，应进行镗削。

镗削后的制动鼓的圆柱度误差应不大于0.075mm，与汽车轮毂轴承轴线同轴度误差不大于0.025mm，左右两轮制动鼓尺寸差小于1mm，内径不得超过允许的最大修理尺寸。检查中，发现制动鼓有裂纹或内径已超过所允许的最大修理尺寸，应予更换。

（7）真空助力器的检修与维护

真空助力器的检查与维护主要有以下7个方面：

① 检查真空助力器膜片板是否有损伤、干裂等现象，如有损坏，则应对其进行修整或更换。

② 检查真空阀总成是否磨损，必要时进行修复或更换新件。

③ 检查膜片有无损伤，必要时予以换新。

④ 检查密封垫是否破损，拆检时密封垫应换新。

⑤ 检查踏板推杆是否弯曲、磨损等，必要时对其进行校正、修复或更换。

⑥ 检查回位弹簧弹力是否正常。若弹力减弱较多，则应换新。

⑦ 检查前、后壳体及螺栓是否变形、裂纹或损伤，如有，应酌情进行修整或更换。

八、学习效果评价

1. 理论评价

用与本教材配套的教学资源库中的考试系统进行在线测试。

2. 技能评价

技能评价评分表如表4-6所列。

表4-6 技能评价评分表

姓名：　　学号：　　用时：							
考核项目	评分项目		评价标准	分值	学生自评	学生互评	教师评价
时间要求（5分）	按规定时间完成项目		未按时完成扣5分	5			
项目及要求（70分）	检查及调整轮毂预紧度		① 会判别轮毂预紧度是否合适 ② 会正确安装轮毂	5			
	调整车轮制动器		① 熟悉车轮调整原则（同轴对轮、前后轴） ② 会调整车轮制动器 ③ 安全操作	10			
	调整手刹		① 会判别手刹的松紧 ② 知道从两个地方调整手刹	5			
	检查及调整制动踏板的		① 会测量制动踏板的高度和自由行程 ② 知道调整高度和自由行程	10			
	给油刹排空气		① 两人配合默契，熟悉排气的原则和方法 ② 排气过程始终注意油面高度 ③ 避免油洒在轮胎上 ④ 注意观察排出的油的质量	10			
	拆装车轮制动器		① 按顺序拆装车轮制动器 ② 要调整轮毂预紧度 ③ 安全操作	10			
	制动器各部件的检修与总装		①熟悉制动器各部件的检查部位和方法 ②要调整轮毂预紧度 ③安全操作 选做项目，总分控制在100分内	10			
	制动系常见故障的检测与排除		熟悉制动系常见故障的诊断流程 选做项目，总分控制在100分内	10			
着装等情况（10分）	工作着装	干净整洁，无配饰	未按工作要求着装扣1分	2			
		穿着工作鞋	未穿工作鞋扣1分	1			
	作业中	工作台摆放	摆放无序扣 1分	1			
		量具放置	随意摆放一次扣1分	1			
		工具车及工具及时复位	不及时复位扣1分	2			
	车辆零件及时清洁	场地清洁	清洁不到位扣1分	1			
		废弃物处理	不按要求处理废弃物扣1分	1			
		设备等清洁归位	未清洁设备及归位扣1分	1			
工作安全（10分）	整体操作中	作业操作	操作姿势不正确扣1分操作不规范扣1分	3			
		设备使用	操作不规范	5			
		操作中人身损伤	出现人身损伤，总分计0分	2			
		重大安全事故	出现重大事故停止操作，总分计0分				
工单填写情况（5分）	工单填写	整齐如实填写	未如实填写每次扣1分	3			
		作业前查看，作业后及时填写	作业前不查看、作业后不及时填写每次扣1分	2			
本项目得分				100			
日期：							

九、课后练习

（1）行车制动系统常见的故障有哪些？

（2）借助实物说出液压式制动传动装置的基本组成、制动主缸的组成和结构。

（3）借助图或多媒体课件说出液压式制动传动装置的工作原理。

项目五　驱动桥的拆装与检修

一、情景导入

1. 情境描述

一辆五菱之光微型车进厂修理，客户反映：该车行驶过程中，驱动桥有异响，并存在驱动桥过热等现象，需对驱动桥进行检修。

2. 问诊信息

问诊信息表如表5-1所列。

表5-1 问诊信息表

客户姓名		车型及年款	
驾驶员姓名		车架号	
车辆入厂日期		发动机型号	
牌照号码		里程表读数	
制动方式		手刹类型	

二、实训要求

（1）时间要求：建议8学时。

（2）质量要求：在满足厂家的生产规范及质量要求前提下，能够熟练快速地诊断与排除故障。

（3）安全要求：严格按照安全操作规程进行项目作业。

（4）文明要求：自觉按照文明生产规则进行项目作业。

（5）环保要求：努力按照环境保护要求进行项目作业。

三、技能及素养目标

（1）能合理选择并熟练使用各种相关维修工具；

（2）具有安全操作和环保意识；

（3）能根据检测结果分析并排除故障；

（4） 会按正确方法对后驱动桥的油液进行检查；

（5） 能按正确方法对驱动桥进行分解与组装；

（6） 能够按正确方法对主减速器、差速器进行检查与调整；

（7） 能按正确方法对驱动桥进行分解与组装；

（8） 能够对驱动桥各部件进行认识；

（9） 具有团队协作精神和组织沟通能力。

四、实训准备

1. 场地准备

※ 根据实际情况安排场地。

2. 车辆、工具、设备准备

（1） 车辆：五菱之光微型车。

（2） 普通工具：组合工具、扭力扳手、锤子、基杆、压力机、铜棒。

（3） 专用工具：拆装工具组件、手柄组件、中心冲子、尖头冲子。

（4） 检测工具：游标卡尺、标准规、厚薄规、内径千分尺、真空表、压力表、百分表、踏板力测力计。

3. 相关耗材准备

齿轮油、滑动滚珠轴承、油封、通用润滑脂、滚锥轴承、密封胶（五菱原厂黏合剂与密封胶或同等产品）、O形密封圈、抹布、黏合剂、红丹油、机油、手套等。

4. 作业前准备工作

（1） 汽车进入工位前，将工位清理干净，准备好相关的器材。

（2） 将汽车停驻在举升机中央位置。

（3） 解除驻车制动，拧松车轮螺母，但不卸下车轮。

（4） 套上转向盘护套、变速杆手柄套和座位套，铺设脚垫。

（5） 在车内拉动发动机舱盖手柄，在车外打开并支撑发动机舱盖。

（6） 用举升机将汽车举起，并用安全支架支撑好车辆，然后拆下轮胎螺母，卸下车轮。

五、教学组织

1. 教学组织形式

本课程为“工艺化”实训课，实训教师1名，学生24名，实训室共6个实训工位，按照每6人1个工位编组。

2. 学生的站位分工和要求

学生按规定的工位站立两名学生一组，轮流进行，按教师的指令分工协作、实行角色轮换制进行操作

3. 实训教师职责

播放教学视频，并讲解实训任务的操作步骤和相关注意事项；做好学生角色轮换分工。下达操作口令；巡视、检查、指导和纠正学生操作中的错误；课堂总结；组织学生对实训场地及设备进行清洁、整理。

4. 学生职责

认真观看教学视频；完成教师布置的任务；做好课后的清洁、整理工作。

六、基本操作项目

（一）拆装及调整主减速器、差速器

1. 拆卸主减速器和差速器

（1） 冲配合标记。

在轴承盖和差速器壳上冲上配合标记，防止安装时错位而导致齿轮加速磨损，如图5-1所示。

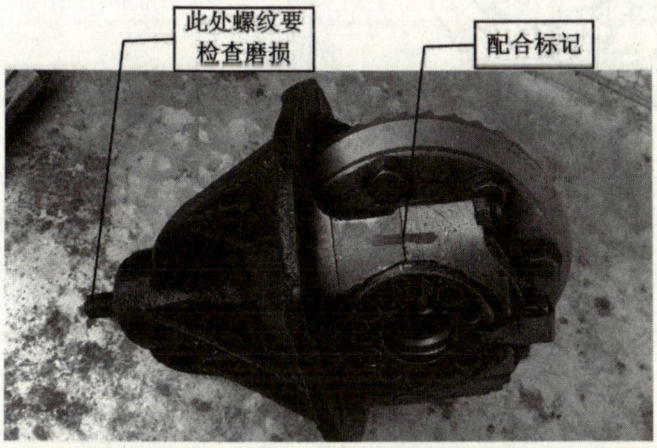

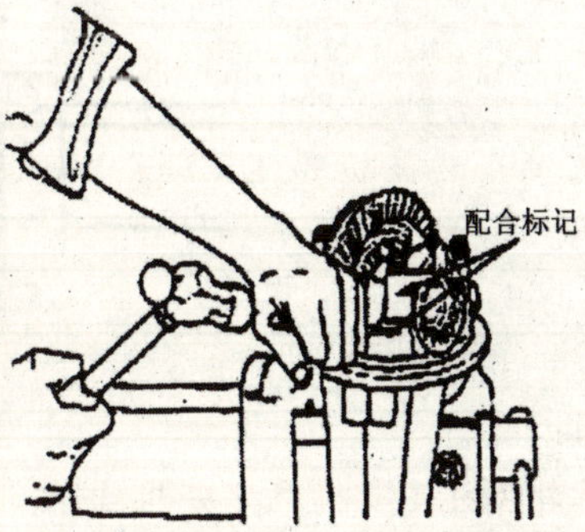

图5-1 在差速器壳上冲上配合标记

（2） 拆差速器壳总成。

① 从调节螺母上拆锁止板，如图5-2所示。

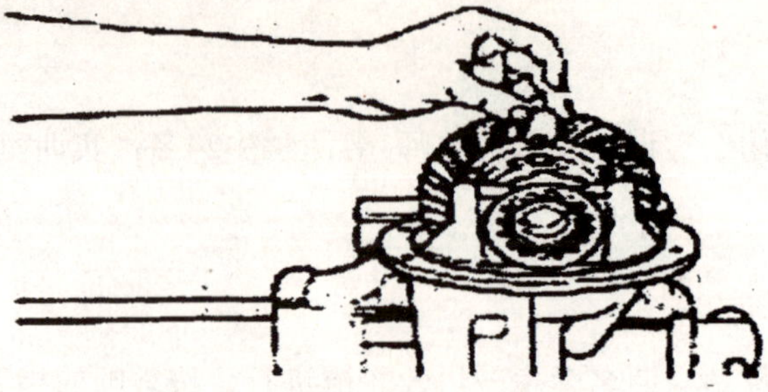

图5-2 拆锁止板

② 拆下装配螺栓，然后轻轻敲下轴承盖。

③ 拆下调节螺母，如图5-3所示。

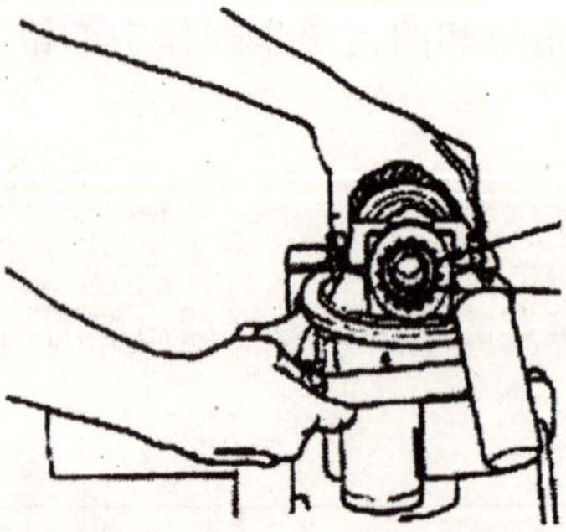

图5-3 拆下调节螺母

④ 拆下带轴承盖的差速器壳，如图5-4所示。

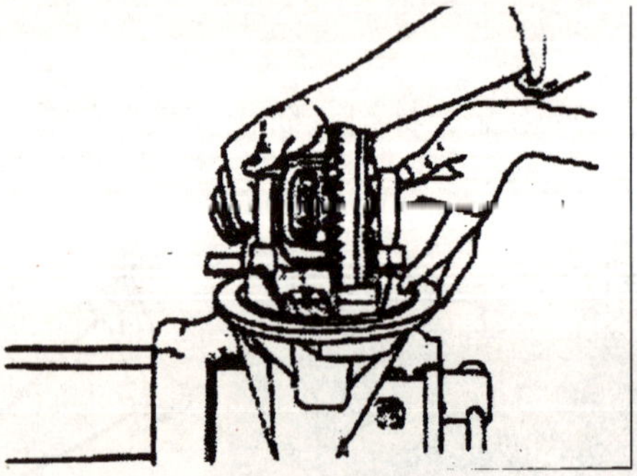

图5-4 拆差速器壳

注意：

轴承外圈也不要搞混，分开放好。

（3） 拆下主动齿轮总成。

① 取下开口销，拆下锁紧螺母，如图5-5所示。

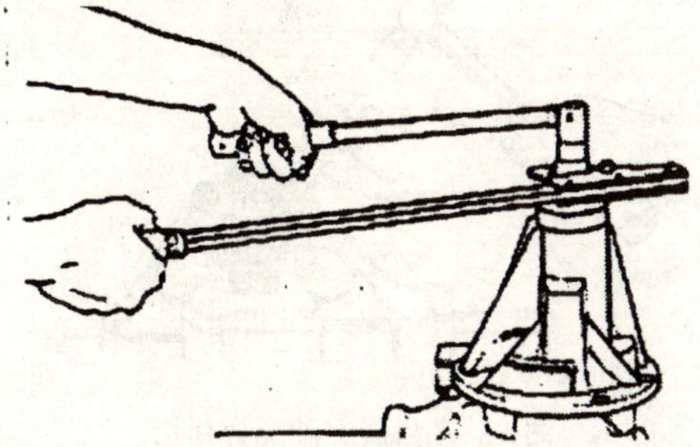

图5-5 拆锁紧螺母

② 使用拉器拆下凸缘，如图5-6所示。

③ 拆下油封。

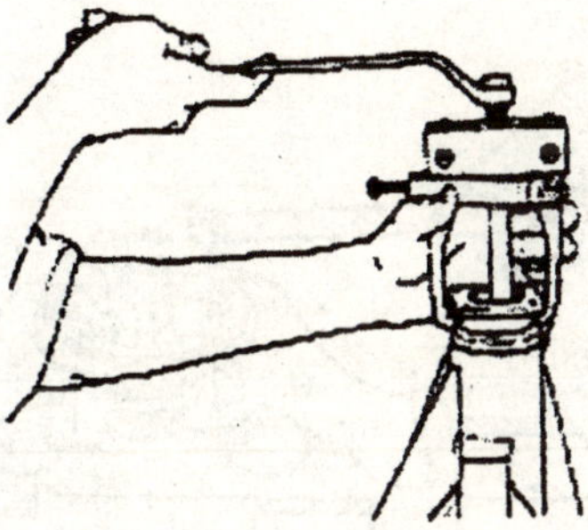

图5-6 用拉器拆下凸缘

④ 使用拉器拆卜外轴承，如图5-7所示。

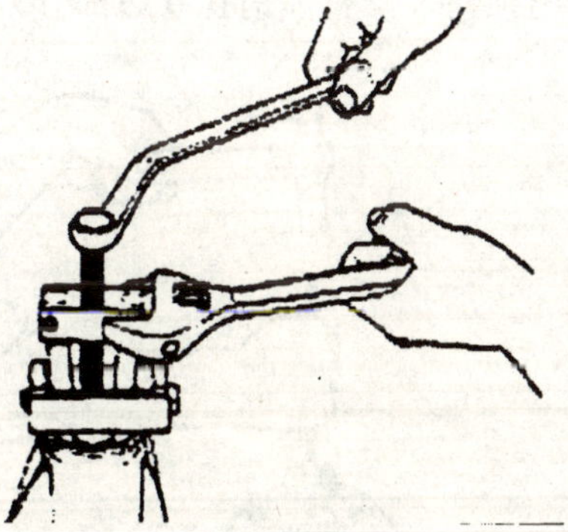

图5-7 用拉器拆下外轴承

（4） 从差速器壳上拆齿圈。

① 在差速器壳和齿圈上冲配合标记，如图5-8所示。

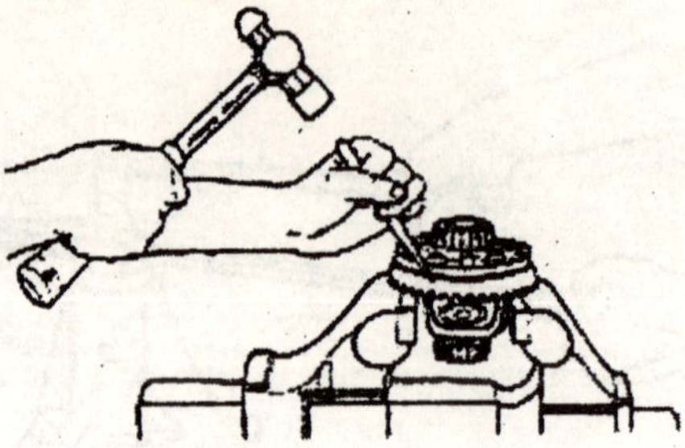

图5-8 在齿圈上冲配合标记

② 扳直锁止板。

③ 按对角方向拧松螺栓。

④ 用铜锤均匀敲击齿圈外周，拆下齿圈，如图5-9所示。

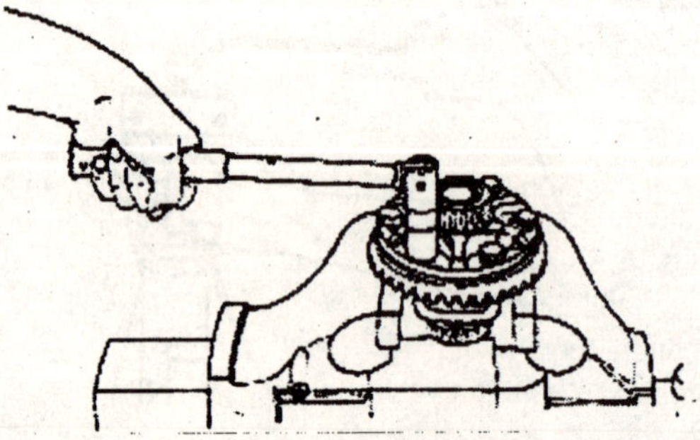

图5-9 拆下齿圈

（5） 解体差速器壳。

① 从行星齿轮轴上取出锁销（修整锁销孔卷边部分），如图5-10所示。

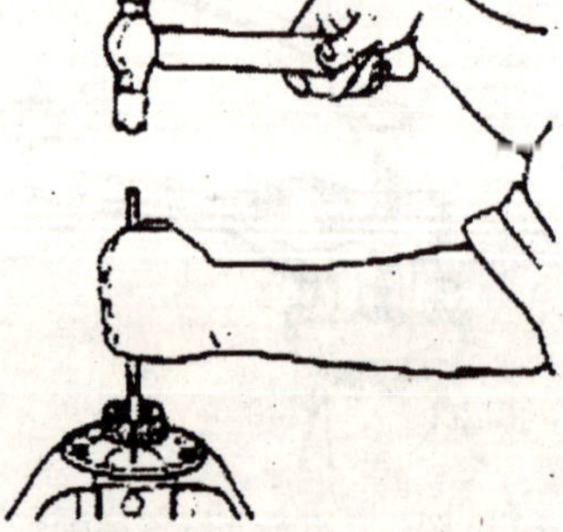

图5-10 取出锁销

② 拆下行星齿轮轴，然后拆下左、右行星齿轮，如图5-11所示。

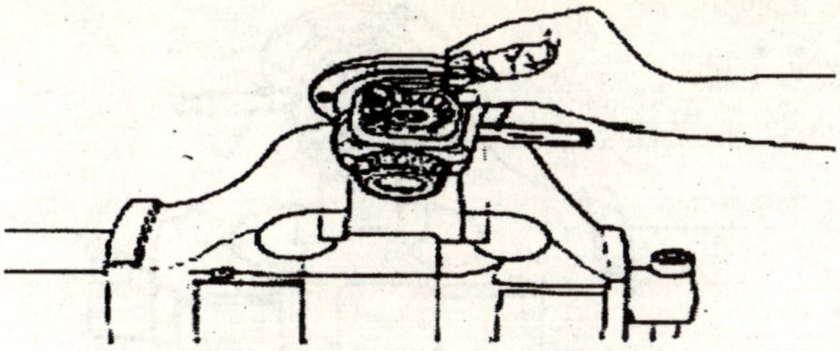

图5-11 拆下左、右行星齿轮

③ 拆下左、右半轴齿轮和止推垫圈，如图5-12所示。

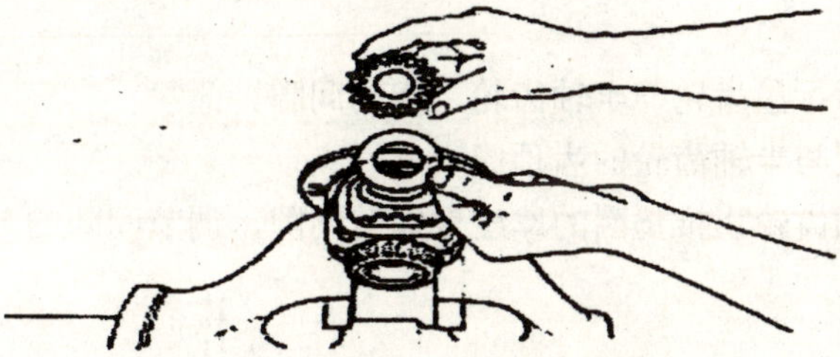

图5-12 拆下左、右半轴齿轮和止推垫圈

注意：

每个齿轮及其后的止推垫圈要成对摆放，不要搞混。

（6） 解体主动齿轮总成。

① 拆下衬套。

② 使用拆卸器拆下内轴承，如图3-13所示。

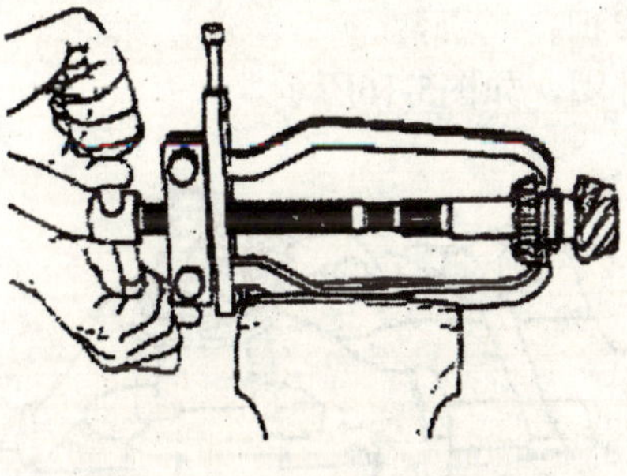

图5-13 用拆卸器拆下内轴承

2. 用齿轮油润滑清洗各摩擦面

3. 主减速器和差速器的调整与装配

（1） 装配差速器。

① 安装半轴齿轮和止推垫圈，半轴齿轮止推垫有油槽的一面朝向半轴齿轮，如图5-14所示。

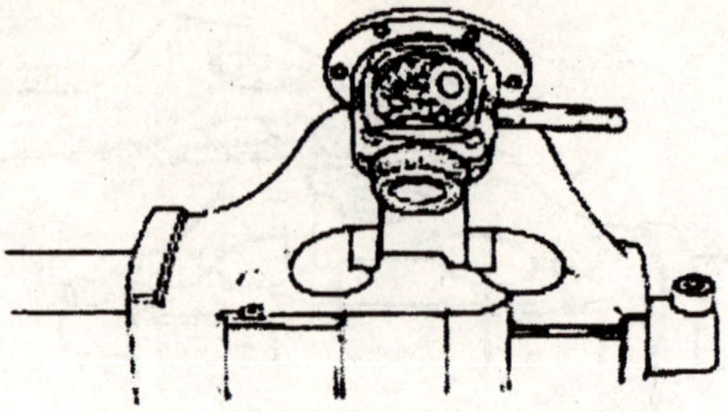

图5-14 安装半轴齿轮和止推垫圈

② 安装行星齿轮和行星齿轮轴，行星齿轮应运转自如、平顺，装配差速器左右壳时应对正装配标记。

③ 用厚薄规测量行星齿轮与半轴齿轮之间的间隙。

④ 将百分表放置与半轴齿轮的齿顶成直角。

⑤ 通过改变半轴齿轮止推垫圈的厚度来调节间隙，调节间隙的方法如图5-15所示。

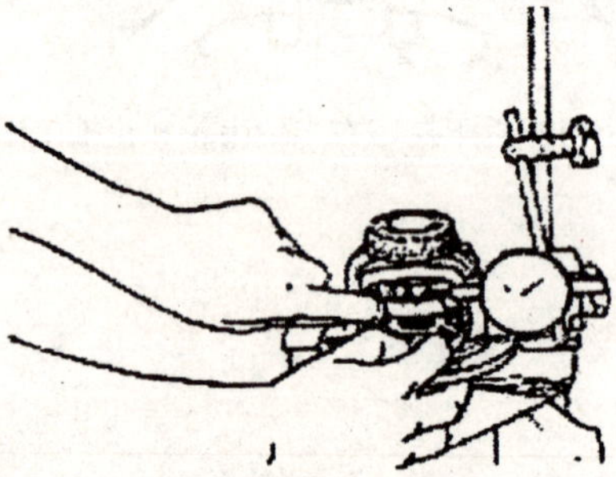

图5-15 调节间隙的方法

⑥ 将锁销放入行星齿轮轴。

⑦ 安装卷边锁销孔的外圈，如图5-16所示。

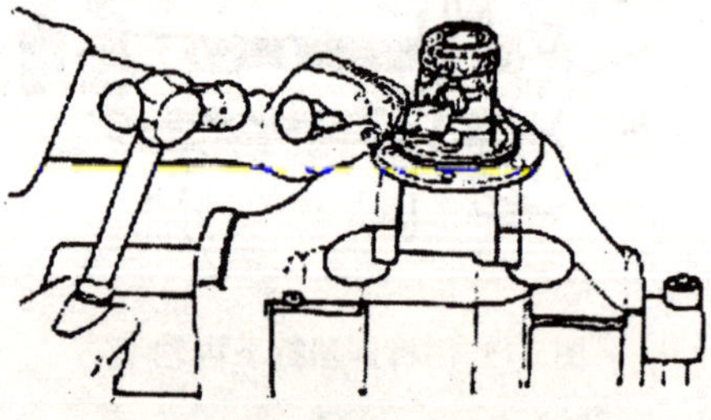

图5-16 安装卷边锁销孔的外圈

（2） 装配从动齿轮齿圈。

① 对齐配合标记，安装齿圈。从动齿轮以及差速器壳的紧固螺栓应对称、均匀地按规定力矩拧紧；紧固后检查从动齿轮背面的跳动量应不大于0.10mm。

② 安装装配螺栓和锁止板，然后用规定的扭矩按对角方向拧紧螺栓。

③ 弯曲锁止板以锁止螺栓。

安装从动齿轮圈如图5-17所示。

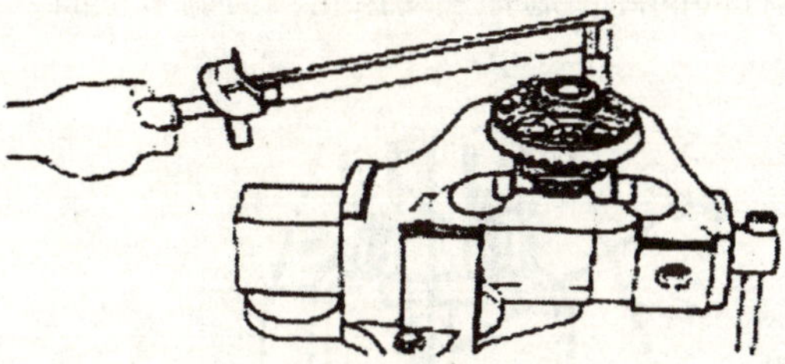

图5-17 安装从动齿轮圈

（3）选择主动齿轮合适的预紧力调节垫圈。

① 用基杆在凸缘上安装主动齿轮，如图5-18所示。

图5-18 调整垫片位置图

② 按规定扭矩拧紧锁母。

③ 使用弹簧秤测量主动齿轮的预紧力（选择适合的预紧力调节垫圈）调整时，为了提高效率，可先多加垫片，按规定力矩拧紧螺母后，测量主动锥齿轮的轴向间隙，按间隙减去垫片厚度，再进行细调。

预紧度的经验检查方法：用手转动灵活，轴向推拉无间隙，其检查方法如图5-19所示。

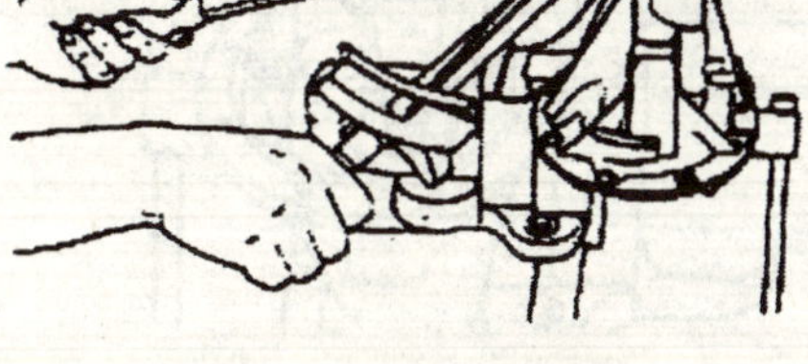

图5-19 预紧度的检查

（4）选择主动齿轮高度调节垫圈。

① 将标准规安装在端轴承上，并按规定扭矩拧紧螺栓。

② 测量标准规与基杆间间隙（选择主动齿轮轴向调节垫圈），其测量方法如图5-20所示。

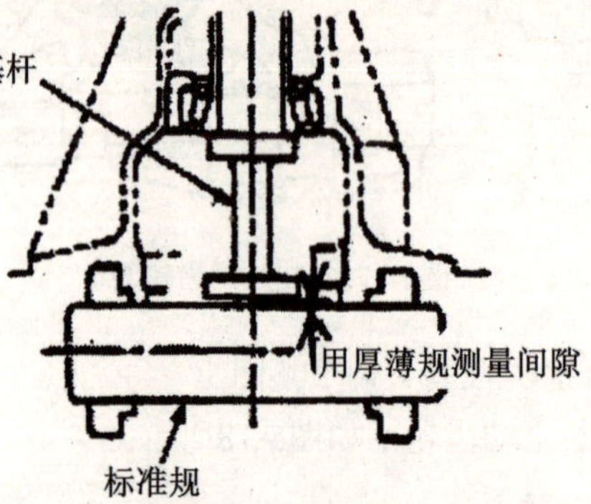

图5-20 测量标准规与基杆间间隙

（5）装配主动齿轮。

① 安装主动齿轮轴向调节垫圈，然后用压力机安装内轴承，如图5-21所示。

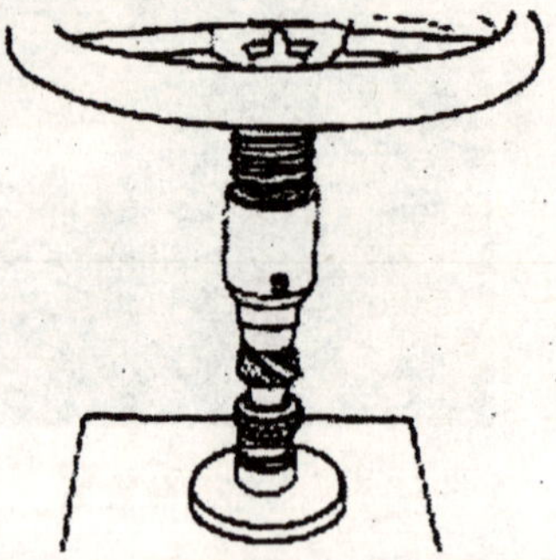

图5-21 安装内轴承

② 安装预紧力调节垫圈和衬套，然后在差速器壳后面安装主动齿轮，如图5-22所示。

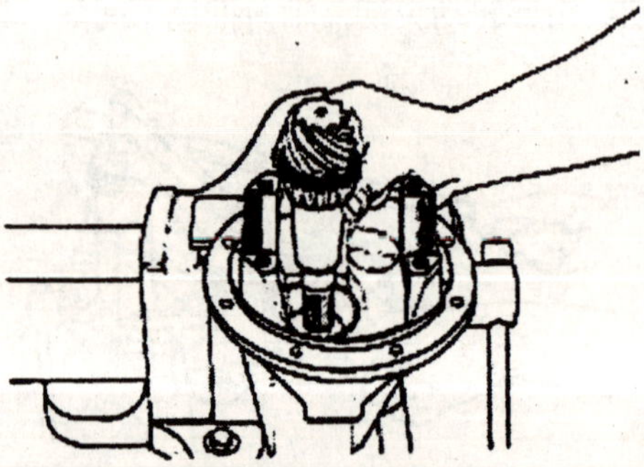

图5-22 安装主动齿轮

③ 使用压力机，在差速器壳前面安装外轴承，如图5-23所示。

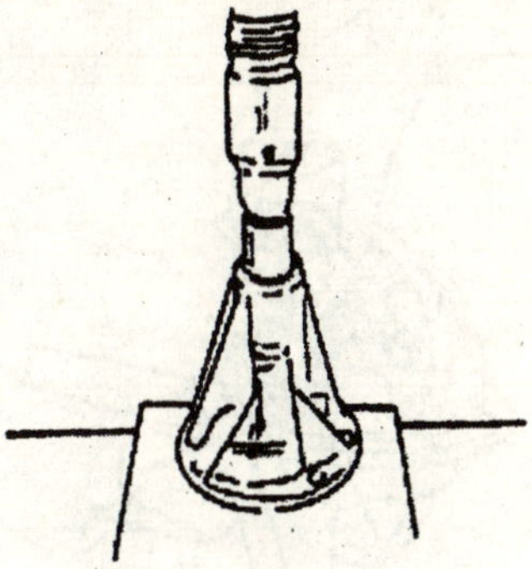

图5-23 安装外轴承

④ 添加规定的黄油，安装油封。装配油封时，应先在油封刃口上涂一层齿油，然后用专用工具装入，并注意安装方向。

⑤ 安装凸缘，然后按规定扭矩拧紧锁，如图5-24所示。

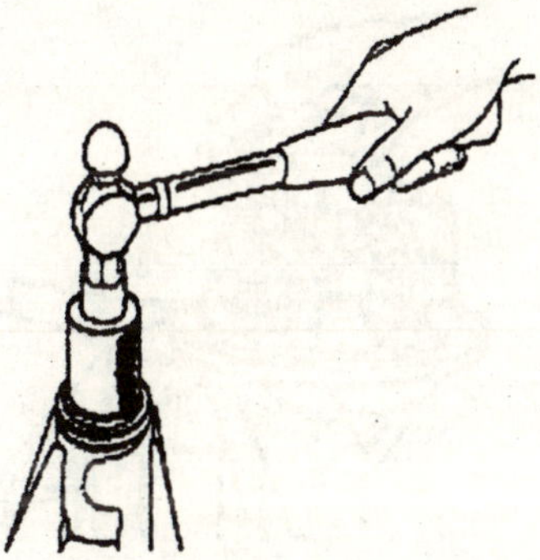

图5-24 安装凸缘

（6）装配差速器（骨）架。

① 安装带有轴承座圈差速器架总成，如图5-25所示。

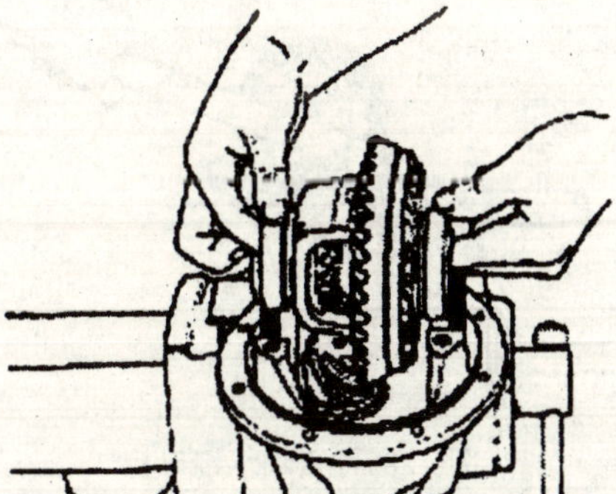

图5-25 安装带有轴承座圈差速器架总成

② 安装调节螺母，使其螺纹配合差速器壳的螺纹，如图5-26所示。

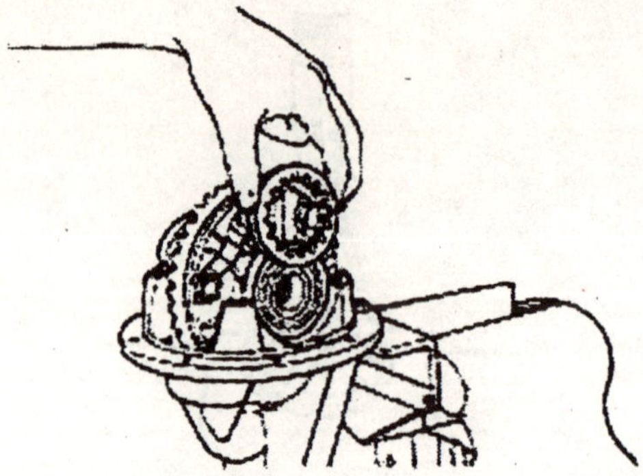

图5-26 安装调节螺母

③ 安装左、右轴承盖，使它们的螺纹配合调节螺母螺纹（确定配合标记对齐）。
④ 使用相同的力暂时拧紧轴承盖螺栓，如图5-27所示。

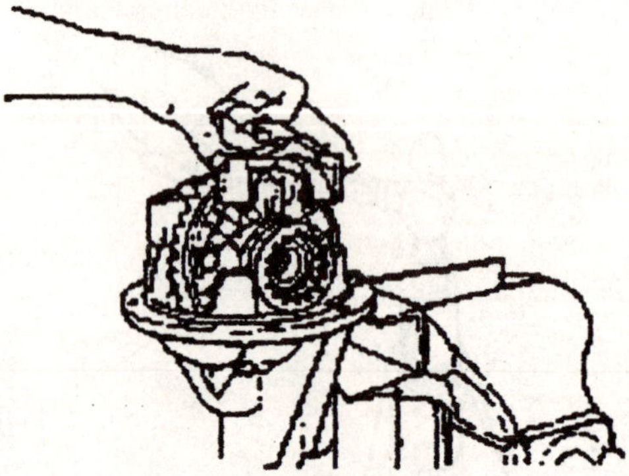

图5-27 拧紧轴承盖螺栓

⑤ 拧紧左、右调节螺母，主动齿轮和齿圈间保持一定间隙，如图5-28所示。

图5-28 拧紧轴承螺母栓

⑥ 测量主动齿轮的预紧力，如图5-29所示。

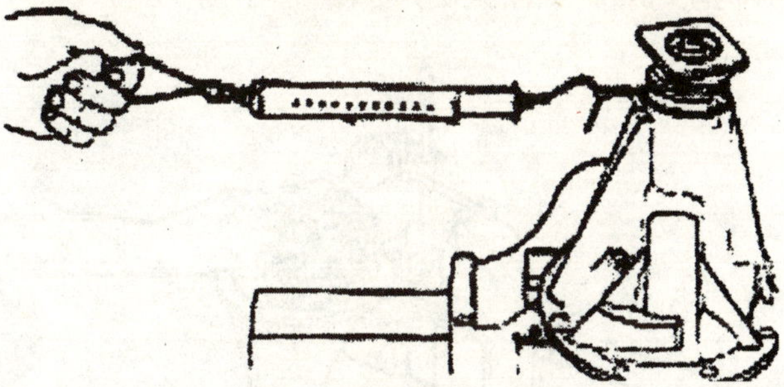

图5-29 测量主动齿轮的预紧力

⑦ 测量主动齿轮与齿圈间间隙。

将磁力千分表座吸附于主减速器壳上，触杆垂直于从动轮大端齿的凸面处；用手向一个方向转动从动轮与主动轮接触，将表针调零；

向另一个方向转动从动轮与主动轮接触，读取千分表上的数值即为啮合间隙；

测量时，应在圆周上均布不少于3个齿的测量，测得的啮合间隙及间隙差应符合规定。

一般，中型及以上车辆间隙为0.15～0.50mm；轻型车辆间隙为0.10～0.25mm。

⑧ 如果间隙没有达到规定值，可试转左、右调节螺母进行调节，如图5-30所示。

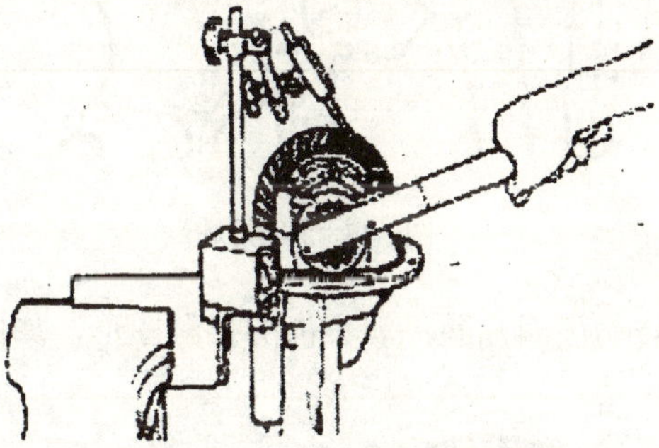

图5-30 调节主动齿轮与齿圈间间隙

⑨ 按规定扭矩拧紧轴承盖螺栓，以消除轴承多余的轴向间隙，如图5-31所示。

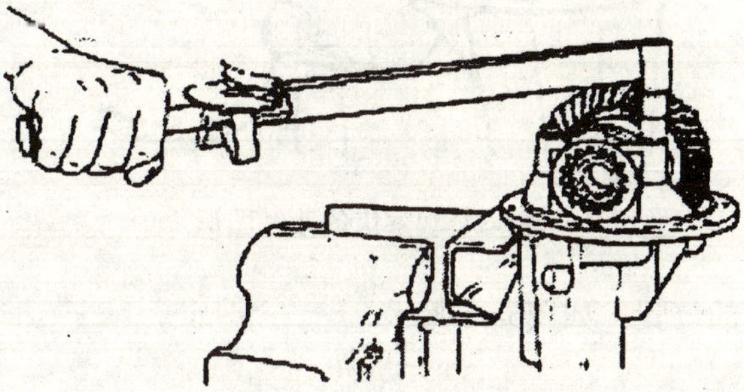

图5-31 拧紧轴承盖螺栓

⑩ 测量齿圈的径向跳动量，如图5-32所示。

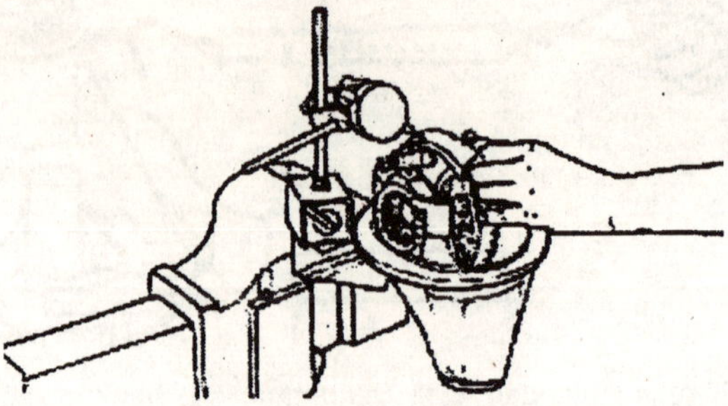

图5-32 齿圈径向跳动量的测量

（7） 检查齿圈和主动齿轮间的啮合位置。

① 在齿圈的大约十个齿上涂上红丹粉（丹油），如图5-33所示。

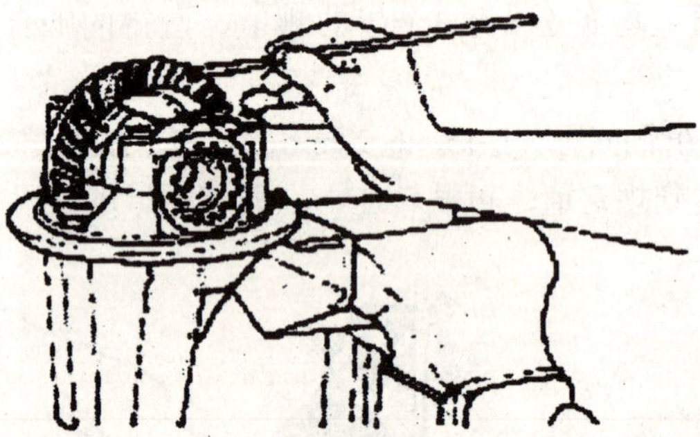

图5-33 涂红丹粉

② 顺时针和逆时针转动齿圈几圈，观察齿的接触图形，如图5-34所示。

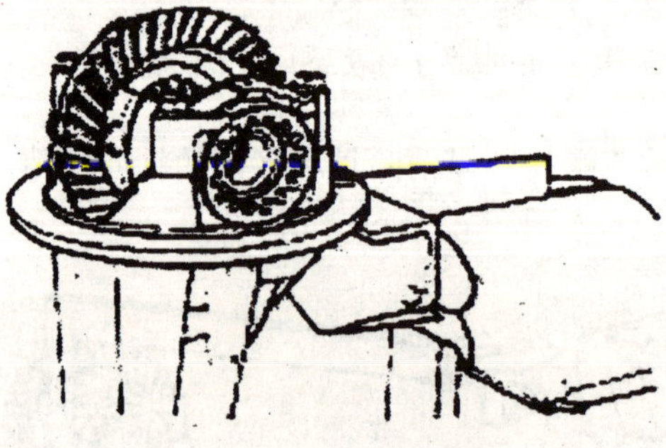

图5-34 观察齿的接触图形

③ 检查啮合印痕的位置，如图5-35所示。

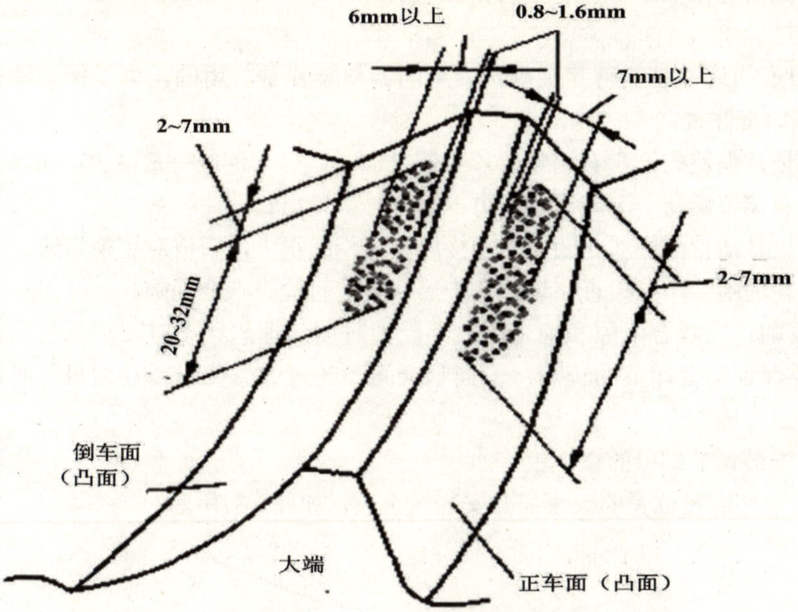

图5-35 啮合印痕的位置

④ 如果啮合位置不正确，可通过改变主、从动齿轮位置进行调整，如图5-36所示。

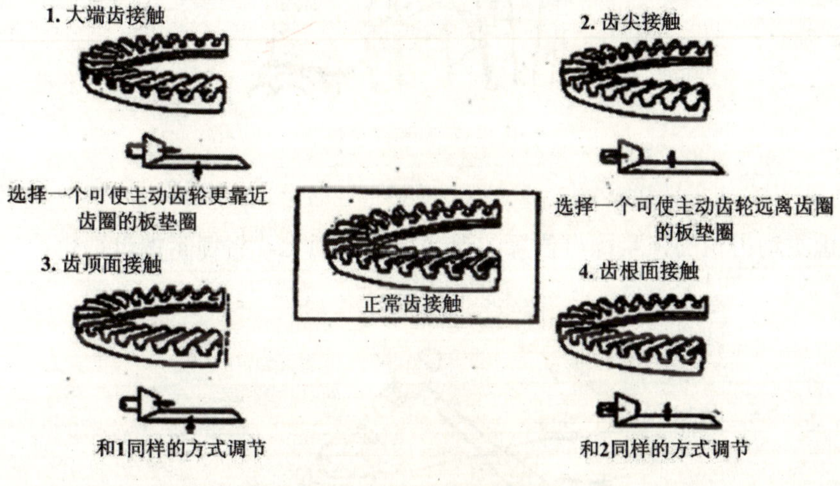

图5-36 啮合位置的调整

调整方法可总结为“大进从、小出从、顶进主、根出主”。

- 靠近齿的大端：将从动锥齿轮向主动齿轮移拢，若轮齿的齿隙过小，则主动锥齿轮移开；
- 靠近齿的小端：将从动锥齿轮自主动齿轮移开，若轮齿的齿隙过大，则主动锥齿轮移拢；
- 靠近齿的顶部：将主动锥齿轮向从动齿轮移拢，若轮齿的齿隙过小，则从动锥齿轮移开；

- 靠近齿的根部：将主动锥齿轮自从动齿移开，若轮齿的齿隙过大，则从动锥齿轮移拢。

啮合印痕的调整装置与其轴承预紧度的调整装置是公用的，为了保证轴承预紧度的不变，调整时应注意：

- 用垫片调整的，左右调整垫片一侧增加时，另一侧应等量减少；用螺套调整的，左右调整螺套一侧旋进时，另一侧应等量旋出。
- 如果从动轮两侧（凸凹面）的接触印痕相差很大，应成对更换齿轮。
- 齿轮的啮合印痕检查、调整完毕后，应重新检查啮合间隙。

调整原则：当啮合间隙和啮合印痕不能同时达到理想状态时，宁可使啮合间隙稍大一些，也要保证啮合印痕的正确；但当啮合间隙超过大修要求或使用极限时，应成对更换圆锥齿轮。

（8） 安装调节螺母的锁止板。

为防止调整螺母位置的改变需要安装锁止板，如图5-37所示。

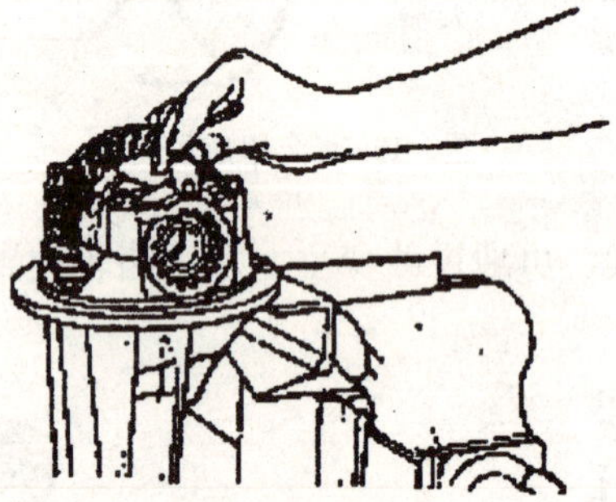

图5-37 安装锁止板

（9） 锁住主动齿轮的锁母。

为防止主动齿轮的锁紧螺母位置的改变需要用锁止片将锁紧螺母锁止，如图5-38所示。

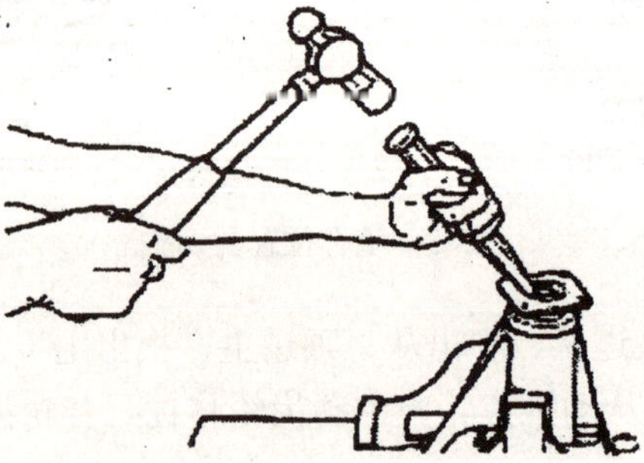

图5-38 锁紧螺母锁止

（10） 装配应注意以下几点：

① 确保每一部分的位置、方向和安装顺序。

② 在轴承和其他各零件的滑动表面加齿轮油。

③ 更换新的油封、锁止垫圈和锁紧螺母。

④ 装配时要保证零件随时运动平滑。

⑤ 从动齿轮与差速器壳、差速器左右壳以及差速器轴承盖的紧固螺栓的锁止要正确可靠（紧固胶、锁片、弹簧垫）。

⑥ 凡是有拧紧力矩要求的螺栓，装配时应按规定力矩拧紧。

（11） 使用可拆式衬套时，主动齿轮预紧力的调节。

① 使用可拆式衬套来调节预紧力优于使用垫片，如图5-39所示。

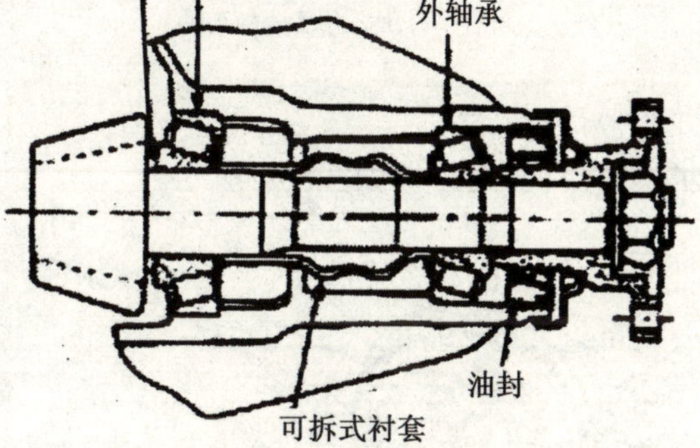

图5-39 预紧力的调节

② 按规定扭矩拧紧锁母。

③ 测量主动齿轮预紧力，如图5-40所示。

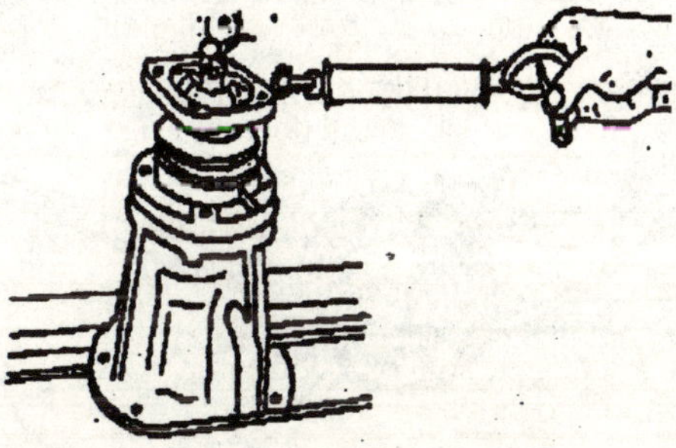

图5-40 测量主动齿轮预紧力

注意：

如果预紧力太小，可慢慢拧紧锁母，直到预紧力达到规定的值。

（二）轮毂的装配及调整

1. 轮毂的拆卸

（1） 拆卸制动器和相关零件，如图5-41所示。

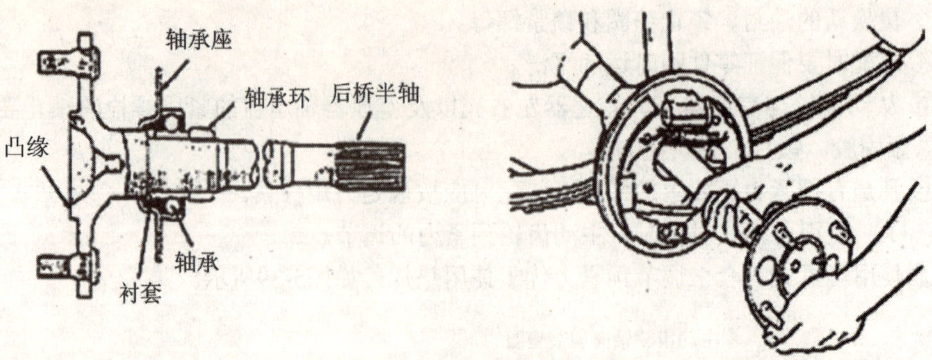

图5-41 制动器的拆卸

（2） 从后桥壳内拆卸半轴。

① 拆下轴承护圈装配螺母（四处），如图5-42所示。

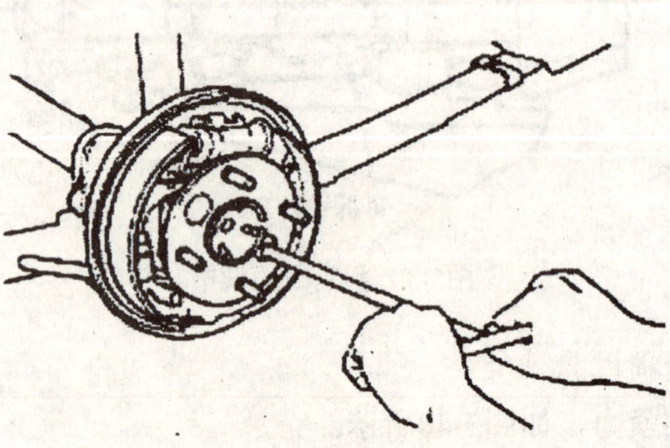

图5-42 拆下轴承护圈装配螺母

② 使用滑动锤拆卸器拆下半轴，如图5-43所示。

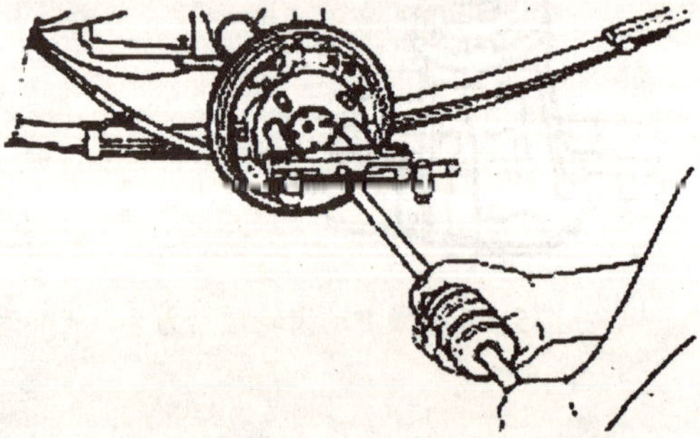

图5-43 用滑动锤拆卸器拆下半轴

（3） 从半轴上拆卸轴承环。

① 磨去部分轴承环外周，直到轴承环变薄，如图5-44所示。

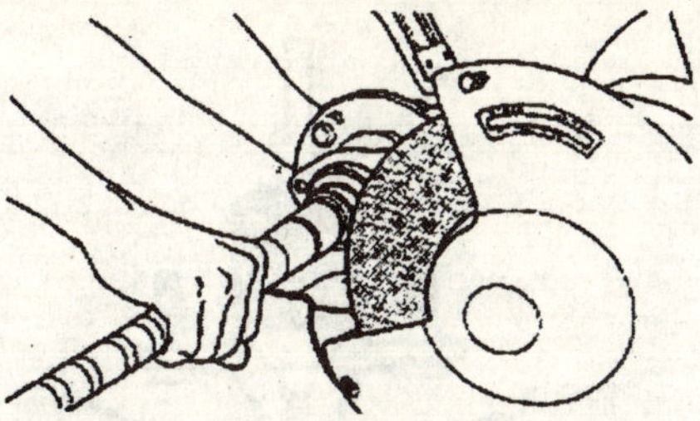

图5-44 磨薄轴承环外周

② 用錾子切掉轴承环薄的部分，然后拆下轴承环，如图5-45所示。

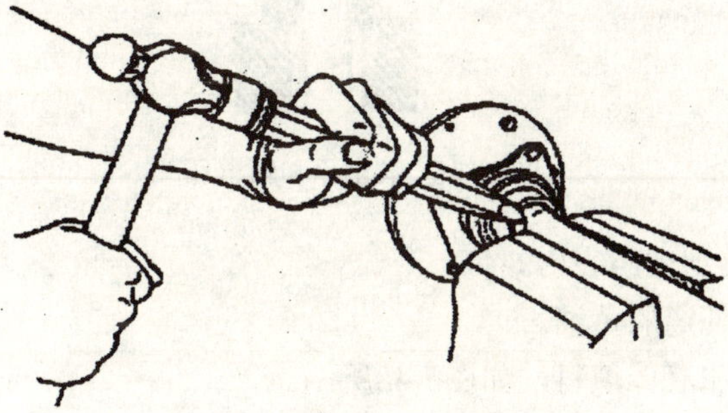

图5-45 拆下轴承环

（4） 从半轴上拆下轴承和轴承护圈。

使用压力机从半轴上拆下轴承和轴承护圈，如图5-46所示。

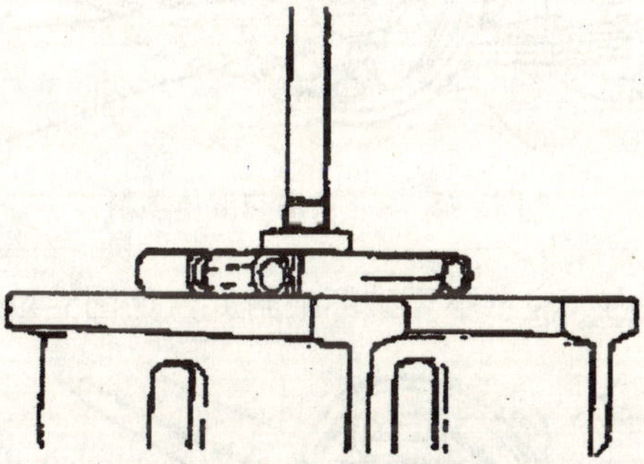

图5-46 拆下轴承和轴承护圈

2. 轮毂的装配

（1） 安装半轴轴承和轴承环，如图5-47所示。

① 使用压力机安装轴承。

② 用压力机安装轴承环。

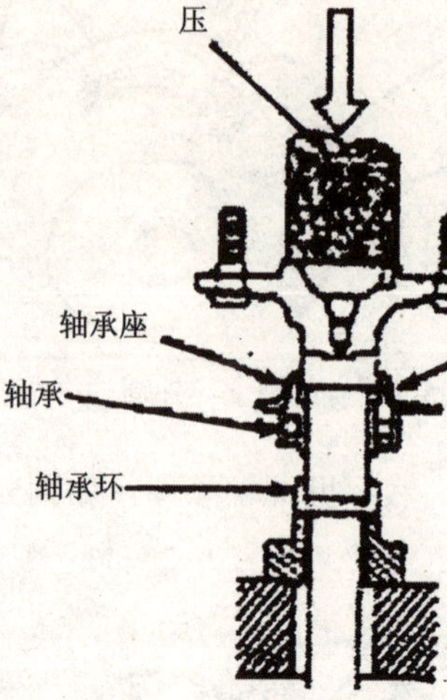

图5-47 安装轴承和轴承环

（2） 将半轴安装到后桥壳内。

① 向油封圈内加规定的黄油。

② 向密封垫表面加液体填料，如图5-48所示。

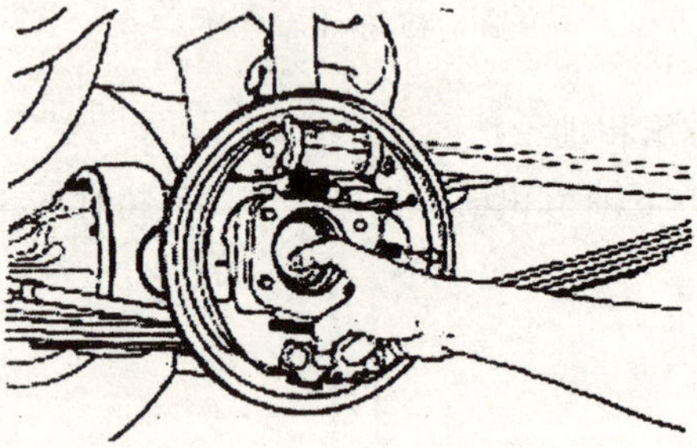

图5-48 填充黄油与液体填料

③ 将半轴放到后桥壳内（注意不要破坏油封），如图5-49所示。

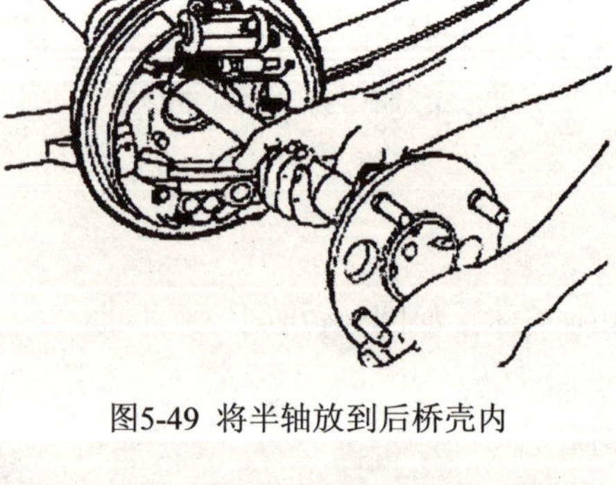

图5-49 将半轴放到后桥壳内

④ 用手锤轻敲凸缘的中心，使半轴装到后桥壳内，如图5-50所示。

⑤ 按规定的扭矩拧紧固定螺母。

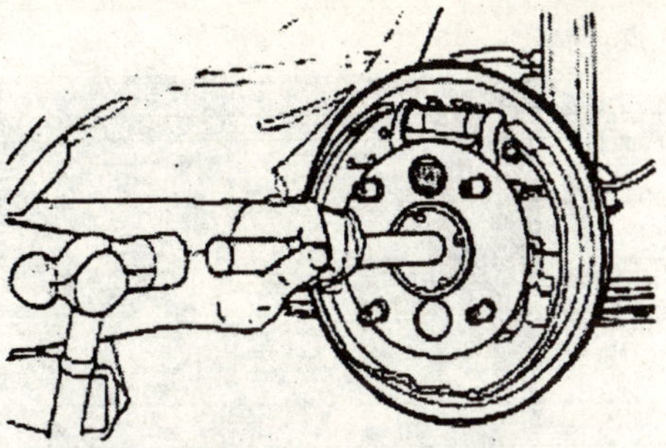

图5-50 将半轴装到后桥壳内

（3） 安装制动器和相关零件。

制动器不工作时，其摩擦片与制动鼓之间应有适当间隙，一般为0.25～0.5 mm，如图5-51所示。

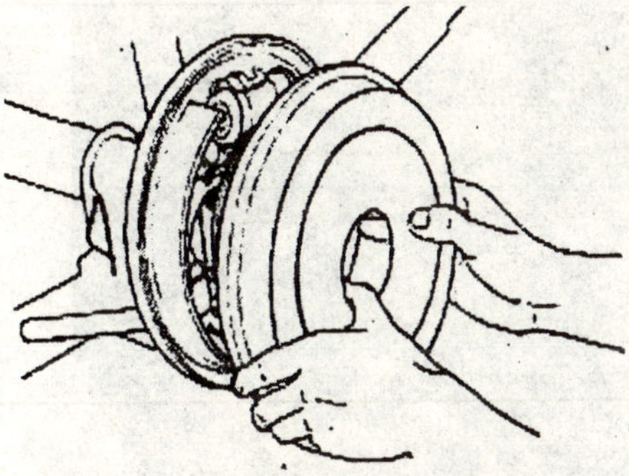

图5-51 摩擦片与制动鼓间间隙调整

3. 轮毂的调整

① 轮毂装配时，其内腔加注的润滑脂不可过多，涂抹一层防锈即可；

② 轴承的润滑脂也不可注满，应留出1/4的空隙；

③ 轮毂轴承的调整：将调整螺母拧到底，再退出1/4圈，拧紧锁母；轮毂应转动灵活，轴向推拉无间隙。

七、拓展项目

（一）驱动桥各部件的检测

1. 主要零件的目视检查

（1） 桥壳及半轴套管。

① 桥壳弯曲变形：导致半轴断裂、轮胎异常磨损，其结合平面磨损检查，如图5-52

所示。

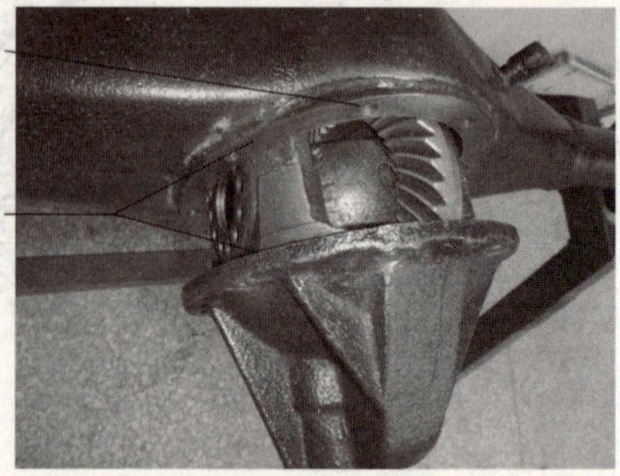

图5-52 结合平面磨损检查

② 桥壳与主减速器壳结合平面磨损、变形的检查如图5-53所示。

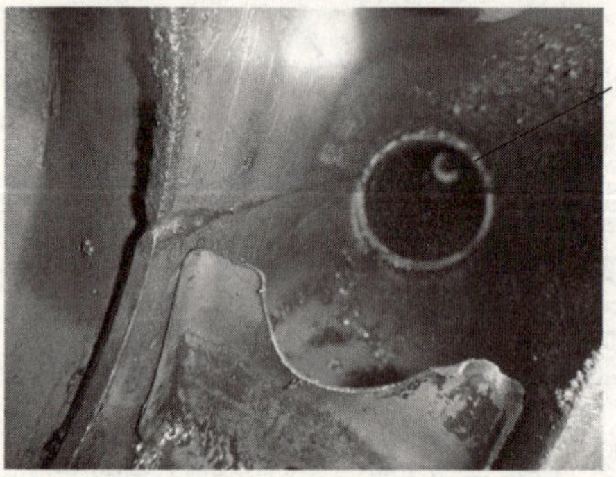

图5-53 结合平面磨损与变形的检查

③ 半轴套管与桥壳的过盈配合处松动。

④ 半轴套管易从与桥壳最外一道过盈配合处的外边缘断裂。

⑤ 半轴套管与轮毂轴承配合的轴颈处易产生磨损，如图5-54所示。

图5-54 半轴套管与轮毂轴承配合处的磨损检查

⑥ 桥壳易产生裂纹的部位检查如图5-55所示。

承受弯矩最大的钢板座处；

承受扭转应力集中的制动底板处；

桥壳中部下侧。

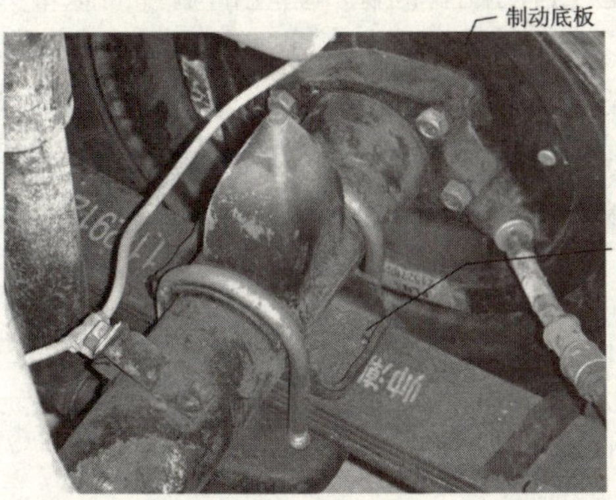

图5-55 桥壳易产生裂纹的部位检查

⑦ 桥壳螺纹孔磨损，使减速器与桥壳的连接螺栓经常松动，造成漏油及齿轮磨损加剧，甚至打齿。

⑧ 桥壳上的钢板弹簧定位圈轴承承孔磨损。

（2） 主减速器壳。

壳体变形、各轴承承孔磨损。

（3） 半轴。

① 花键磨损、扭曲变形；

② 半轴断裂（应力集中处）；

③ 半浮式半轴外端与轴承配合的轴颈磨损。

（4） 差速器壳。

① 行星齿轮球面座磨损；

② 半轴齿轮支承端面磨损及半轴齿轮轴颈座孔磨损。

面座与半轴齿轮支承端面及半轴齿轮轴颈座孔磨损情况，如图5-56所示。

图5-56 行星齿轮座球面座磨损

③ 滚动轴承轴颈磨损；

④ 差速器一字轴座孔磨损；

以上各部位的磨损，会使各自的配合间隙和齿轮的啮合间隙增大，出现异响。

（5） 齿轮。

① 锥齿轮接触面磨损、剥落，使啮合间隙增大，导致传动噪声大，甚至打齿。

② 主动锥齿轮的螺纹损伤使其定位失准，导致打齿。

③ 半轴齿轮、行星齿轮磨损（齿面、齿背、支撑轴颈、内花键）。

2. 主要零件的计量检测

（1） 桥壳及半轴套管。

① 整体式桥壳以两端内轴颈为基准。

整体式桥壳的检查如图5-57所示。

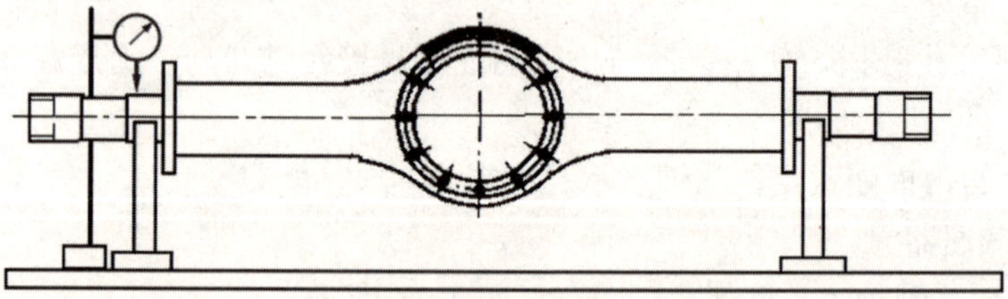

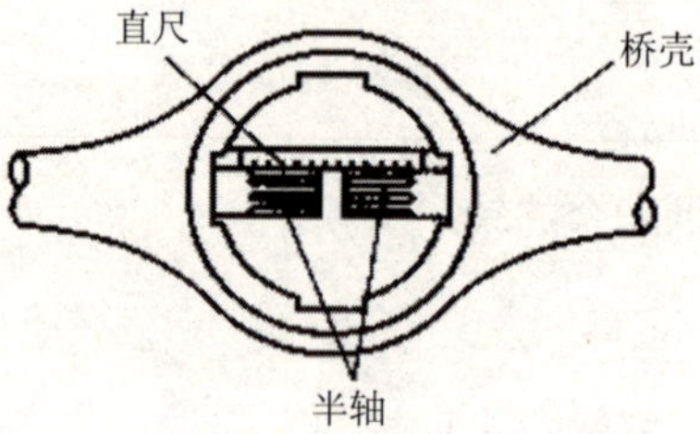

图5-57 整体式桥壳的检查

前端面相对于桥壳轴线的平行度误差：

前端面直径≤300mm，平行度误差应小于0.30mm；前端面直径＞300mm，平行度误差应小于0.40mm。

外轴颈的径向圆跳动量应不大于0.30mm。

② 分段式桥壳以结合圆柱面（或结合平面）以及另一端的内锥孔为基准，各轴颈、油封径的圆跳动量应符合要求。

③ 桥壳与半轴套管、半轴套管与轴承的配合应符合要求。

桥壳变形在2.0mm之内：冷压校正；桥壳变形大于2.0mm：热压校正（将桥壳加热至300～400℃）。

（2） 主减速器壳。

① 壳体上各承孔与轴承的配合应符合原设计规定。

② 差速器左右轴承承孔的同轴度误差应不大于0.1mm。

③ 壳体上各横轴承孔轴线对前端面的平行度误差应不大于：

轴线长度≤200mm时为0.10mm；

轴线长度>200mm时为0.12mm。

④ 壳体上纵横轴线应位于同一平面内（双曲线齿轮除外），其位置度误差应不大于0.08mm。

超过上述各要求时，应采用镶套法修复或报废。

（3） 半轴。

① 半轴应进行探伤检查，如有裂纹应报废。

② 半轴花键应无明显扭曲，花键齿侧间隙不得大于原设计值0.15mm，否则应报废。

③ 以半轴轴线为基准：

中间未加工部分径向圆跳动量应不大于1.30mm，超过时冷压校正；

花键外圆柱面径向圆跳动量应不大于0.25mm，超过时冷压校正；

半轴突缘内侧端面圆跳动量应不大于0.15mm，超过时车削。

（4） 差速器壳。

① 行星齿轮球面座及半轴齿轮支承端面磨损超差时，采用机械加工法修复：按修理尺寸镗削球面及车削端面，再配用加厚的垫片。

② 滚动轴承轴颈磨损，采用堆焊或喷涂法修复。

③ 半轴齿轮轴颈座孔磨损超差，采用镶套法修复。

④ 十字轴座孔磨损超差，采用刷镀法修复。

（5） 齿轮

齿面磨损严重或有剥落现象应更换。

（6） 轮毂

① 滚动轴承承孔磨损超差时，采用堆焊、车削法修复。

② 半轴螺栓的螺纹孔磨损时可加大螺栓或更换。

（二）驱动桥常见故障的检测

1. 驱动桥发热

按诊断流程图所示方法诊断，如图5-58所示。

2. 驱动桥漏油

按诊断流程图所示方法诊断，如图5-59所示。

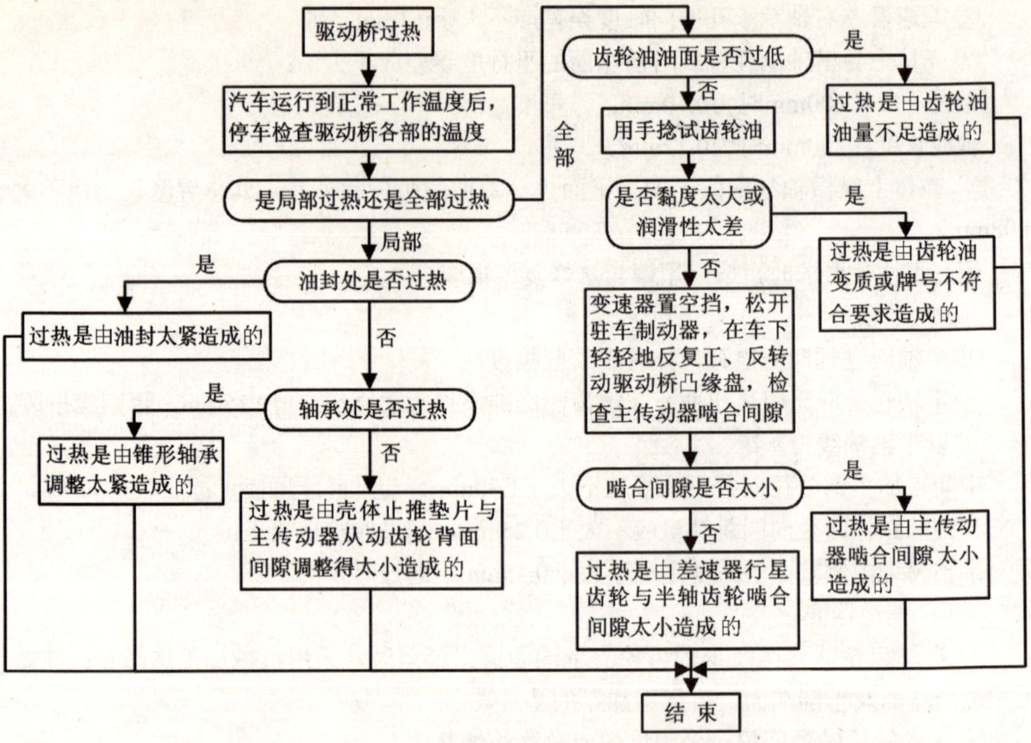

图5-58 驱动桥过热诊断流程图

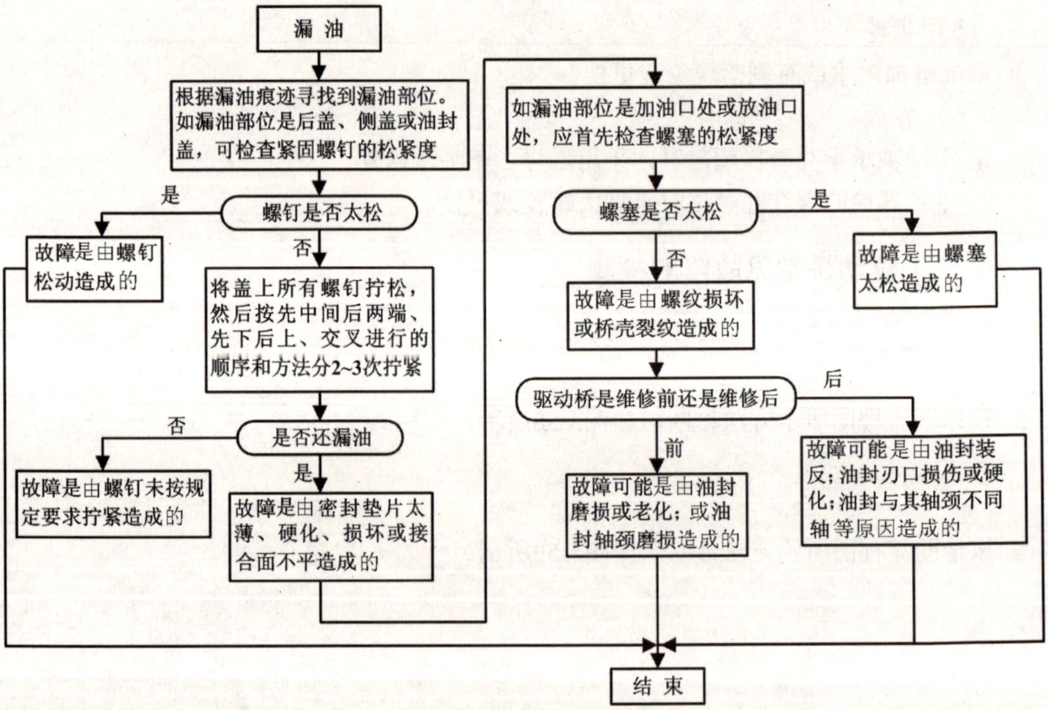

图5-59 驱动桥漏油诊断流程

在判断和排除驱动桥故障时，要具体问题具体分析，故障分析方框图见图5-60所示。

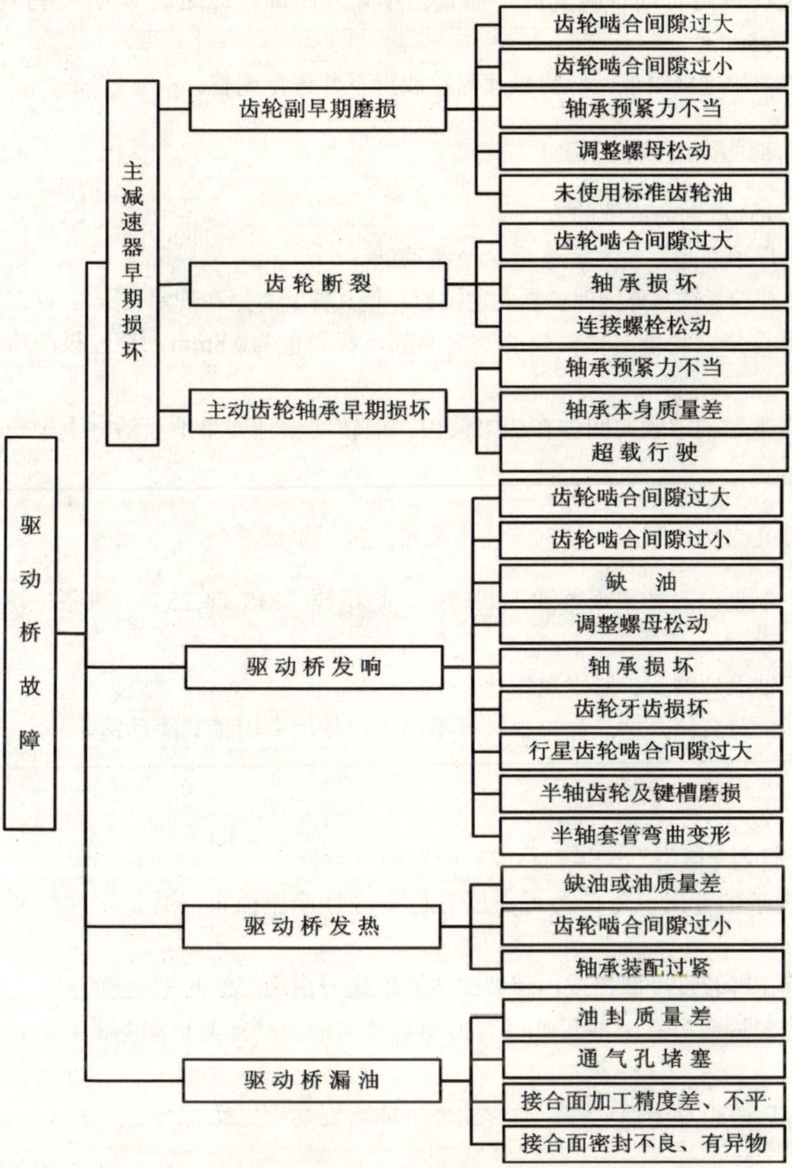

图5-60 驱动桥故障分析方框图

（三）传动轴故障诊断与检测

1. 后桥系统异响检查和调整

五菱之光微型汽车后桥系统有异响时可能是减速器主被动齿轮损坏，齿轮或轴承严重磨损造成啮合印痕不合要求，或是轴承过度磨损损坏而引起，应立即停车检查排除。

① 把变速器换挡置于空挡，拉起驻车制动手柄。

② 顺时针将传动轴转到底，打上匹配记号。

③ 再反时针将传动轴转到底，测量匹配记号距离，此距离即为后桥传动系统总游隙，极限值为5mm。

④ 如游隙超过极限值，应将减速器总成拆下并进行调整。

2. 半轴轴承轴向间隙检查

检查半轴轴承轴向间隙的方法如下：

① 用千斤顶顶起后桥并卸下后轮及制动鼓。

② 检查并拧紧轴承外侧保护器固定螺栓，使其拧紧力矩在规定范围内（45～60N·m）。

③ 使用百分表测量半轴轴承的轴向间隙，极限值为0.8mm，超过极限值时应更换轴承。

④ 即使半轴轴承轴向间隙在极限值内，但转动半轴如果不灵活，不平稳，亦应更换轴承。

3. 五菱之光微型汽车后桥的结构及后桥上拆卸半轴总成

① 卸下制动鼓。如果很难卸下制动鼓，把螺栓（M8×1.25）拧进备用螺孔，可将制动鼓顶出。

② 卸下轴承外侧保护器固定螺栓。

③ 把半轴总成往外拉，如果半轴拆不出，可使用专用工具滑动锤。

4. 分解和安装半轴总成

分解五菱之光微型汽车半轴总成前应做如下检查：

① 检查半轴若出现弯曲，可在压力机上进行冷压校正，其极限允许弯曲量不大于0.8mm。

② 检查花键若过度磨损或出现裂纹或其他地方出现裂纹时应更换。

③ 检查紧固套外径装油封处，若出现明显沟槽或严重磨损影响密封时，应更换紧固套。

④ 检查后桥壳及半轴套管，如弯曲变形或断裂等应更换。

5. 分解主要步骤

① 用砂轮机打磨轴承紧固套至厚度为1～1.5mm再用錾子錾断。

② 使用专用工具拉出轴承。

6. 安装主要步骤

① 按指定顺序把轴承外侧保护器、轴承及轴承紧固套装进半轴。

② 使用压力机，初始压力29kN以上，最终压力58kN以上，将紧固套压贴轴承，务必将轴承压到位且紧固套周边紧贴轴承。

③ 在后桥壳内拆下旧的半轴油封，装上新油封。

④ 在半轴套管端面及制动底板接触面涂上半干性密封胶，将半轴总成（带轴承保护器）装入半轴套管，对角线分几次拧紧轴承外侧保护器固定螺栓的螺母到规定扭矩，半轴装配完成。

八、学习效果评价

1. 理论评价

用与本教材配套的教学资源库中的考试系统进行在线测试。

2. 技能评价

技能评价评分表如表5-2所列。

表5-2 技能评价评分表

姓名： 学号： 用时：						
考核项目	评分项目	评价标准	分　值	学生自评	学生互评	教师评价
时间要求（5分）	按规定时间完成项目	未按时完成扣5分	5			
项目及要求（70分）	拆装及调整主减速器、差速器	① 左右轴承盖，螺栓、左右差速器壳体及其上螺栓要做好标记，并按顺序摆放。 ② 半轴齿轮、行星轮前后垫片不能搞混。 ③ 摩擦配合处要涂上齿轮油。 ④ 分别调整主动齿轮、从动齿轮的轴承预紧度。 ⑤ 查看主从动齿轮的啮合印痕。 ⑥ 各种垫片不能搞丢或搞混	25			
	轮毂的装配及调整	① 按顺序安装。 ② 会调整轮毂的预紧度。 ③ 加注的黄油不能过多。 ④ 油封有方向	15			
	驱动桥各部件的检测	① 熟悉各部件的检测位置及要求。 ② 各配合处要涂润滑油，紧固件要安力矩上紧（选做项目，总分控制在100分内）	10			
	驱动桥常见故障的检测	熟悉驱动桥常见故障的诊断流程（选做项目，总分控制在100分内）	10			
	传动轴故障诊断与检测	① 拆前做好标记，包括螺栓都要按顺序摆放。否则要重做动平衡检测。 ② 其上螺栓都为细牙螺栓，不能随便替代。 ③ 各检测项目要做完。 ④ 各润滑处要加注润滑油 （选做项目，总分控制在100分内）	10			

（续表）

考核项目	评分项目		评价标准	分 值	学生自评	学生互评	教师评价
着装等情况（10分）	工作着装	干净整洁无配饰	未按工作要求着装扣1分	2			
		穿着工作鞋	未穿工作鞋扣1分	1			
	作业中	工作台摆放	摆放无序扣1分	1			
		量具放置	随意摆放一次扣1分	1			
		工具车及工具及时复位	不及时复位扣1分	2			
	车辆零件及时清洁	场地清洁	清洁不到位扣1分	1			
		废弃物处理	不按要求处理废弃物扣1分	1			
		设备等清洁归位	未清洁设备及归位扣1分	1			
工作安全（10分）	整体操作中	作业操作	操作姿势不正确扣1分操作不规范扣1分	3			
		设备使用	操作不规范	5			
		操作中人身损伤	出现人身损伤，总分计0分	2			
		重大安全事故	出现重大事故停止操作，总分计0分				
工单填写情况（5分）	工单填写	整齐如实填写	未如实填写每次扣1分	3			
		作业前查看，作业后及时填写	作业前不查看、作业后不及时填写每次扣1分	2			
本项目得分				100			
日期：							

九、课后练习

（1） 一辆五菱之光微型轿车，若左侧驱动轮陷入烂泥而右侧驱动轮在水泥路面，会发生什么现象？为什么？此时，左侧驱动轮的转速与差速器壳转速有何关系？

（2） 驱动桥的组成、功用、类型？

（3） 为了保证正常工作，单级主减速器采取了哪些结构措施？

（4） 为什么要用圆锥滚子轴承？为什么要有预紧力？过大过小有什么危害？通过什么装置来调整？

项目六　行驶系的拆装与检修

一、情景导入

1. 情境描述

一辆五菱之光微型车进厂修理，客户反映：汽车在高速行驶或在某一较高车速行驶时出现行驶不稳、摆头，甚至方向盘抖动，需对行驶系进行检修。

2. 问诊信息

问诊信息表如表6-1所列。

表6-1 问诊信息表

客户姓名		车型及年款	
驾驶员姓名		车架号	
车辆入厂日期		发动机型号	
牌照号码		里程表读数	

二、实训要求

（1）时间要求：建议8学时。

（2）质量要求：在满足厂家的生产规范及质量要求前提下，能够熟练快速地诊断与排除故障。

（3）安全要求：严格按照安全操作规程进行项目作业。

（4）文明要求：自觉按照文明生产规则进行项目作业。

（5）环保要求：努力按照环境保护要求进行项目作业。

三、技能及素养目标

（1）能合理选择并熟练使用各种相关维修工具；

（2）具有安全操作和环保意识；

（3）能根据检测结果分析并排除故障；

（4）能够掌握汽车行驶系的功用和组成；

（5）掌握车轮和悬架的拆装；

（6）掌握悬架和车轮的检修；

（7）具有团队协作精神和组织沟通能力。

四、实训准备

1. 车辆、工具、设备准备

（1）车辆：五菱之光微型车。

（2）普通工具：组合工具、扭力扳手、锤子、基杆、压力机、铜棒。

（3）专用工具：拆装工具组件、手柄组件、中心冲子、尖头冲子。

（4）检测工具：四轮定位仪、游标卡尺、标准规、内径千分尺、百分表、踏板力测力计。

2. 相关耗材准备

齿轮油、滑动滚珠轴承、油封、通用润滑脂、滚锥轴承、密封胶（五菱原厂黏合剂与密封胶或同等产品）、O形密封圈、抹布、黏合剂、红丹油、机油、手套等。

3. 作业前准备工作

（1）汽车进入工位前，将工位清理干净，准备好相关的器材。

（2）将汽车停驻在举升机中央位置。

（3）用举升机将汽车举起，并用安全支架支撑好车辆，然后拆下轮胎螺母，卸下车轮。

五、教学组织

1. 教学组织形式

本课程为“工艺化”实训课，实训教师1名，学生24名，实训室共有6个实训工位，按照每6人1个工位编组。

2. 学生的站位分工和要求

学生按规定的工位站立，两名学生一组，轮流进行，按教师的指令分工协作、实行角色轮换制进行操作。

3. 实训教师职责

播放教学视频，并讲解实训任务的操作步骤和相关注意事项；做好学生角色轮换分工。下达操作口令；巡视、检查、指导和纠正学生操作中的错误；课堂总结；组织学生对实训场地及设备进行清洁、整理。

4. 学生职责

认真观看教学视频；完成教师布置的任务；做好课后的清洁、整理工作。

六、基本项目操作

（一）前轮前束的检测与调整

1. 车轮前束检查

车轮前束检查方法如图6-1所示。

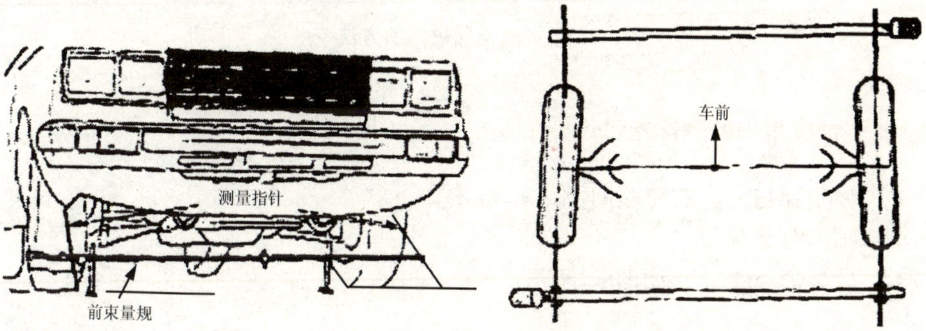

图6-1 检查车轮前束方法

（1） 调整前束量规的指针；
（2） 调整指针对准车轮中心，如图6-2所示。

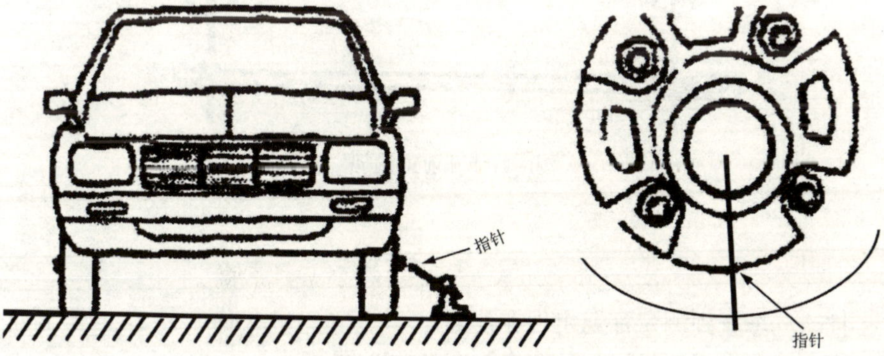

图6-2 调整前束量规的指针

2. 将测量标记标在左、右轮胎上

（1） 标在轮胎花纹的中心；

（2） 标记的高度与前束量规的指针同高，如图6-3所示。

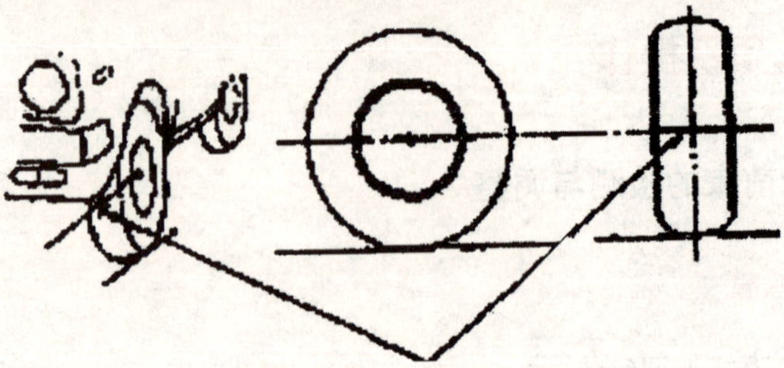

图6-3 测量标记标的方法

3. 调整前束量规的测量指针

（1） 将指针与左、右轮胎的测量标记对准；

（2） 锁住前束量规；

（3） 移开前束量规，如图6-4所示。

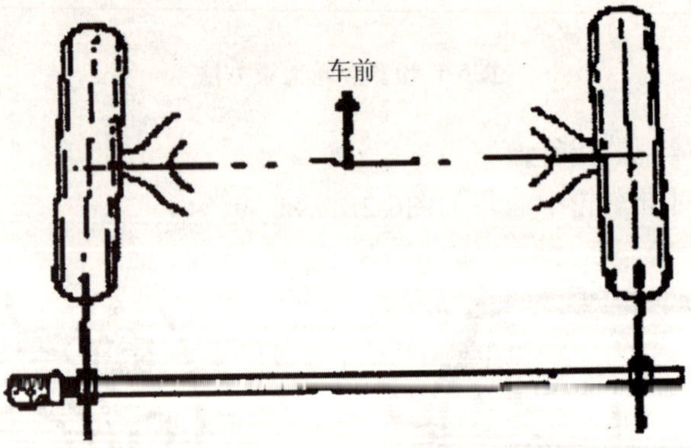

图6-4 移开前束量规

4. 将车向前推

（1） 推动汽车直到测量标记出现在前面；

（2） 推动汽车直到测量标记的高度与车轮中心同高；

（3） 要慢慢地推动汽车，如图6-5所示。

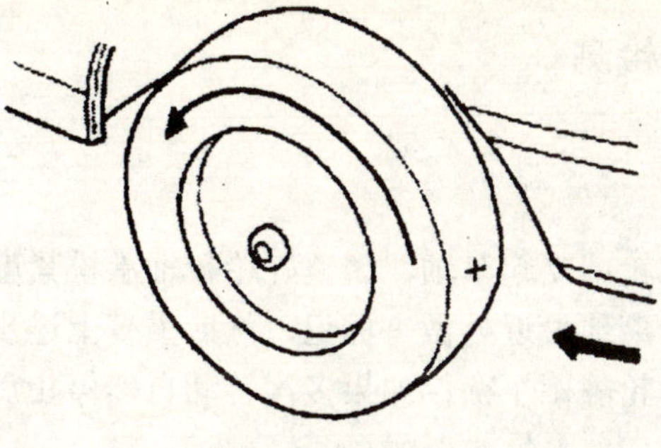

图6-5 推动汽车

5. 将前束量规与测量标记对准

（1）将固定好的测量指针与测量标记对准；

（2）通过转动旋扭调准测量指针，如图6-6所示。

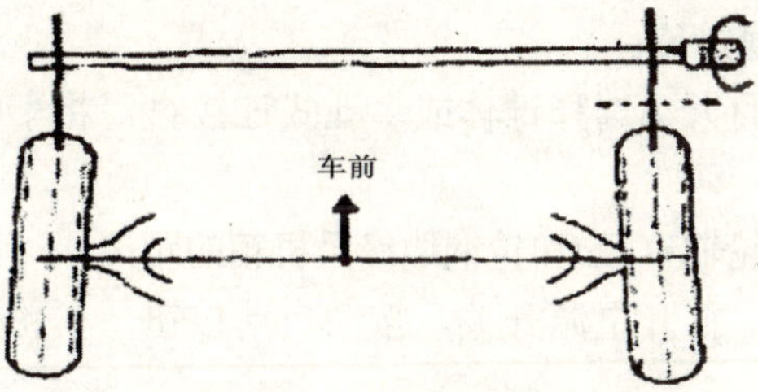

图6-6 调准测量指针

6. 前轮前束的调整方法

（1）确保转向盘正中位置；

（2）在调整前先将左、右两边球头锁止螺栓松开，向前或向后旋转转向横拉杆，直至调整到标准数值；

（3）紧固左、右两边球头锁止螺拴；

（4）路试看其是否有变动，如有变动，应再进行调整，如图6-7所示。

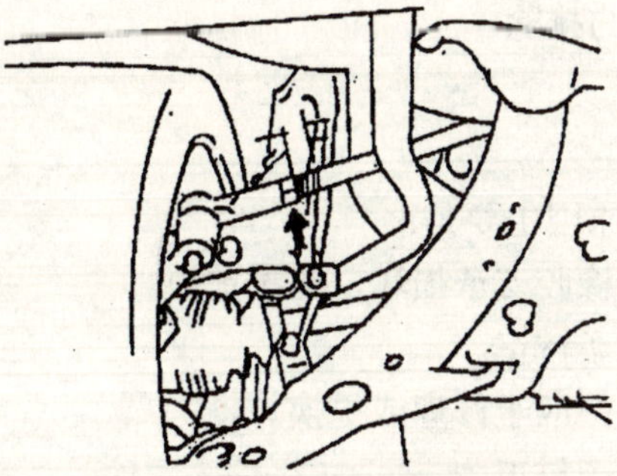

图6-7 前轮前束的调整方法

（二）车轮平衡的检测

1. 车轮静平衡的检测

对于非驱动桥上的车轮：支起车轴，调整好轮毂轴承松紧度，用手轻转车轮，使其自然停转。在停转的车轮离地最近处做一标记，然后重复上述步骤。如果每次试验标记都停在离地最近处，则车轮静不平衡；如果多次转动自然停止后的标记位置各不相同，说明车轮静平衡。

驱动桥上的车轮，由于受到差速器等的制约，无法使用该法，只能在装车前检测。

即使静平衡的车轮，在装车使用时也可能动不平衡；因此，还应对车轮动平衡进行检测校正。

2. 使用离车式动平衡机检测校正车轮动平衡

① 清除车轮上的泥块、石子和旧平衡块。

② 将轮胎气压充至规定值。

③ 根据轮辋中心孔的大小选择锥体或多孔式连接盘，将车轮装上动平衡机，拧紧固定螺母。

④ 测量轮辋宽度*b*、轮辋直径*d*和轮辋边缘至机箱的距离*a*，将这三个值输入动平衡机。

⑤ 放下车轮防护罩，打开电源开关，按动启动按钮，车轮开始旋转，动平衡机开始采集数据。

⑥ 检测结束后，从指示装置读取车轮不平衡量和不平衡位置。

⑦ 抬起车轮防护罩，用手慢慢转动车轮，当指示装置发出声音或灯光等信号时停止转动。根据显示的平衡块质量，在轮辋内侧或外侧牢固安装平衡块。

⑧ 重新检测动平衡，直到指示装置显示不平衡质量＜5g，或显示“00”、“OK”为止。

⑨ 关闭电源开关，取下被测车轮。

七、拓展项目

行驶系常见故障的检查与排除

1. 行驶平顺性不良

造成行驶平顺性不良的原因主要是：

① 前稳定杆卡座松旷或橡胶支承损坏，应予更换。

② 车轮动平衡超标，应予校正。

③ 减震器或缓冲块失效，应予修理或更换。

④ 传动轴动不平衡，应予校正。

⑤ 钢板弹簧支架衬套磨损松旷，应予更换。其弹簧支架衬套销孔配合实物外形如图

6-8所示。

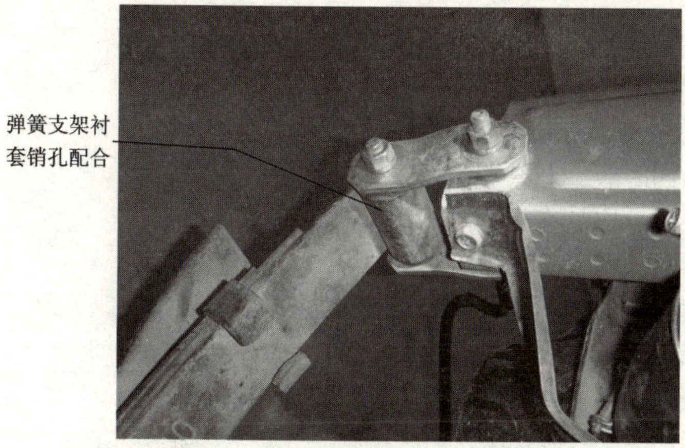

图6-8 弹簧支架衬套销孔配合实物外形

⑥ 车轮轴承松旷或转向横拉杆球头松旷，应予更换。

⑦ 钢板弹簧U形螺栓滑牙或松动，应予更换或紧固。

⑧ 发动机横梁和下摆臂的固定螺栓或衬套松旷，应予修理或更换。

⑨ 半轴内外万向节磨损松旷，应予更换。

⑩ 轮胎气压过高，磨损不均，应予调整或更换等。

以五菱之光微型汽车为例，针对不同的行驶平顺性特征，对照图6-9所示行驶平顺性不良常见故障原因的诊断流程，找出故障部位。

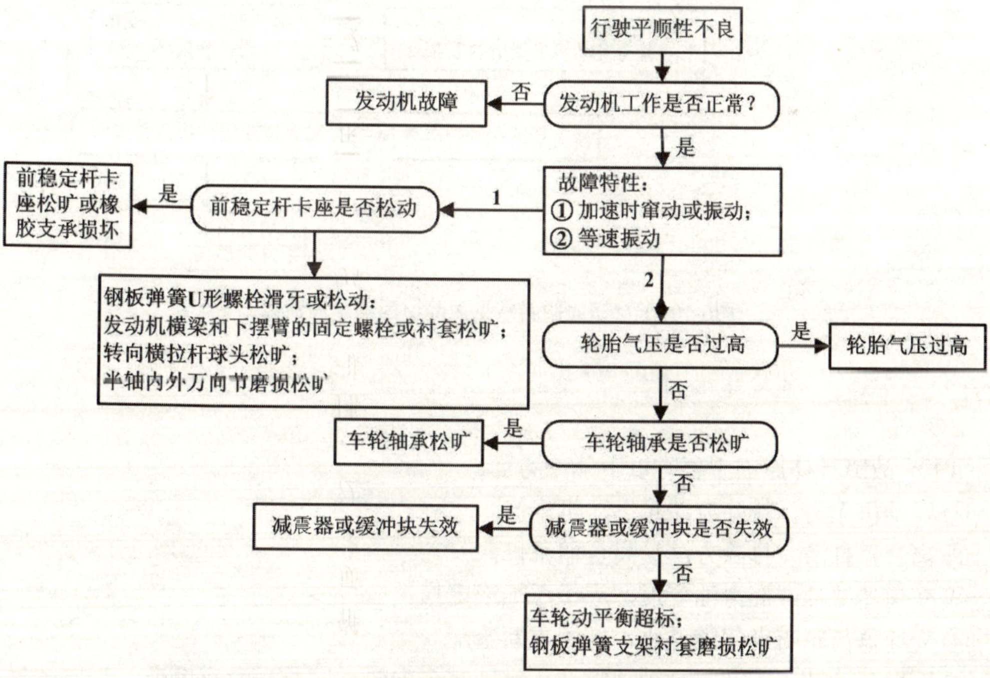

图6-9 行驶平顺性不良常见故障原因的诊断流程

2. 车身横向倾斜

（1） 故障主要原因及处理方法。

造成车身横向倾斜的原因主要有如下8个方面。

① 左右轮胎气压不一致，应按规定充气。

② 左右轮胎规格不一致，应予更换。

③ 悬架弹簧自由长度或刚度不一致，应予更换。

④ 下摆臂变形，应予校正或更换。

⑤ 发动机横梁和下摆臂的固定螺栓或衬套松旷，应予修理或更换。

⑥ 减震器或缓冲块损坏，应予更换。

⑦ 发动机横梁变形，应予校正或更换。

⑧ 车身变形，应予整形修理等。

（2） 故障诊断方法。

以五菱之光微型汽车为例，图6-10所示为车身横向倾斜常见故障原因的诊断流程。

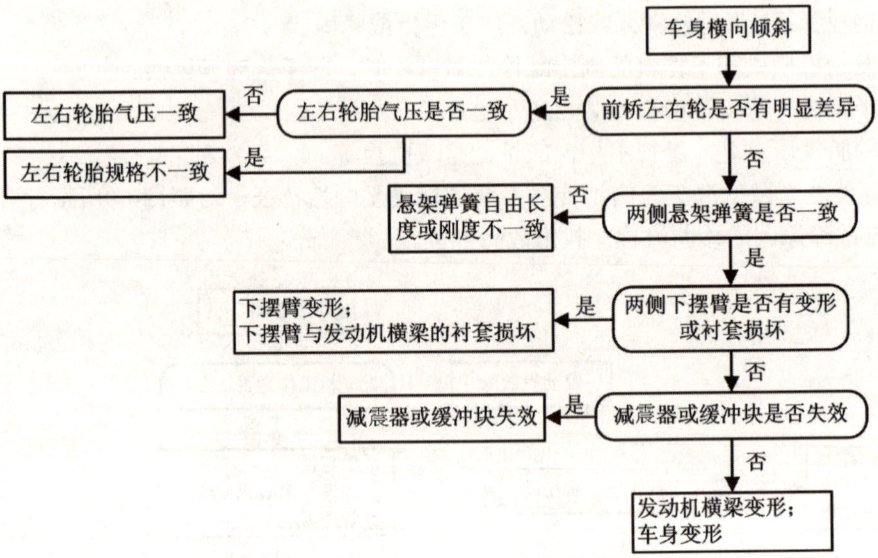

图6-10 车身横向倾斜常见故障原因的诊断流程

3. 行驶无力

（1） 故障具体原因主要有以下几个方面。

① 发动机无力，排除方法见发动机维修。

② 离合器打滑，排除方法见离合器维修。

③ 变速器缺油或润滑油变质，应予添加或更换。

④ 变速器齿轮啮合间隙过小，应予重新选配。

⑤ 万向传动装置中间支承轴承缺油、锈蚀甚至失效，应予润滑或更换。

⑥ 主减速器、差速器或半轴的传动齿轮（花键）啮合间隙过小，应予调整。

⑦ 驱动桥缺油或润滑油变质，应予添加或更换。

⑧ 轮胎气压严重不足，应予充气或修补后充气，必要时更换轮胎。

⑨ 车轮制动拖滞，排除方法见制动系维修。

⑩ 驻车制动拉索回位不畅，造成后轮制动未完全释放，应予润滑或更换。

⑪ 轮毂轴承过紧，应予调整。

⑫ 前轮定位不正确，应予调整或更换部件等。

（2） 故障诊断方法。

图6-11所示为汽车行驶无力常见故障原因的诊断流程。

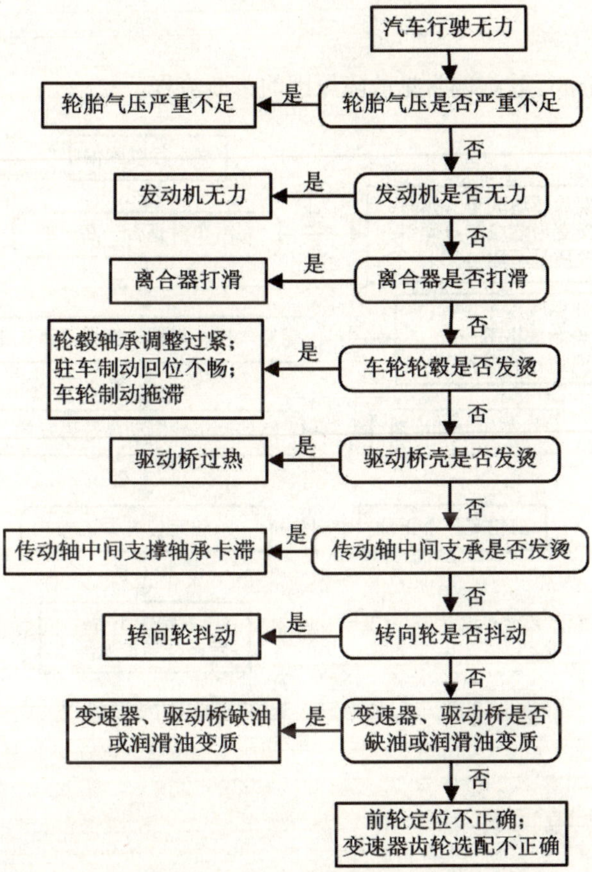

图6-11 汽车行驶无力常见故障原因的诊断流程

4. 行驶跑偏

（1） 故障主要原因及处理方法。

造成汽车行驶跑偏的根本原因是汽车车轮的相对位置不正确，两侧车轮受到的阻力不一致。

① 两前轮轮胎气压不等，直径不一或汽车装载质量左、右分布不均匀，应予调整或

更换。

② 左、右两前钢板弹簧翘度不等，弹力不一或单边松动、断裂，应予更换。

③ 前梁、车架发生水平面内的弯曲，应予校正。

④ 汽车两边的轴距不等，应予调整。

⑤ 两前轮轮毂轴承的松紧度不一，应予调整。

⑥ 前轮定位不正确，应予调整或更换部件。

⑦ 车轮有单边制动或拖滞现象，应予检修。

⑧ 转向杆系变形，应予校正或更换。

⑨ 动力转向系控制阀损坏或密封环弹性减弱，阀芯运动不畅或偏离中间位置，应予调整或更换等。

（2） 故障诊断方法。

图6-12所示为汽车行驶跑偏常见故障原因的诊断流程。

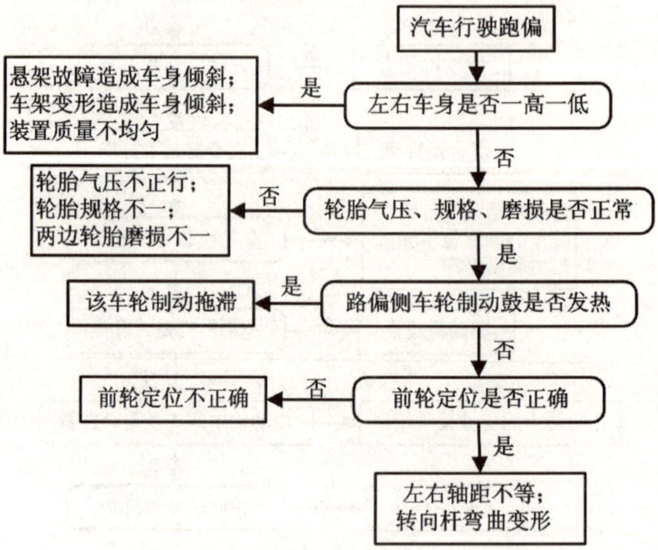

图6-12 汽车行驶跑偏常见故障原因的诊断流程

八、学习效果评价

1. 理论评价

用与本教材配套的教学资源库中的考试系统进行在线测试。

2. 技能评价

技能评价评发分表如表6-2所示。

表6-2 技能评价评发分表

姓名：	学号：	用时：					
考核项目	评分项目		评价标准	分　值	学生自评	学生互评	教师评价
时间要求（5分）	按规定时间完成项目		未按时完成扣5分	5			
项目及要求（70分）	前轮前束的检测与调整		①会使用前束量规或四轮定位仪 ②按步骤检测和调整	35			
	车轮平衡的检测		①做好检测前准备 ②按步骤操作车轮动平衡仪 ③安全操作	20			
	常见故障的检查与排除		熟悉行驶系常见故障的诊断流程（选做项目，总分控制在100分内）	15			
着装等情况（10分）	工作着装	干净整洁，无配饰	未按工作要求着装扣1分	2			
		穿着工作鞋	未穿工作鞋扣1分	1			
	作业中	工作台摆放	摆放无序扣1分	1			
		量具放置	随意摆放一次扣1分	1			
		工具车及工具及时复位	不及时复位扣1分	2			
	车辆零件及时清洁	场地清洁	清洁不到位扣1分	1			
		废弃物处理	不按要求处理废弃物扣1分	1			
		设备等清洁归位	未清洁设备及归位扣1分	1			
工作安全（10分）	整体操作中	作业操作	操作姿势不正确扣1分操作不规范扣1分	3			
		设备使用	操作不规范	5			
		操作中人身损伤	出现人身损伤，总分计0分	2			
		重大安全事故	出现重大事故停止操作，总分计0分				
工单填写情况（5分）	工单填写	整齐如实填写	未如实填写每次扣1分	3			
		作业前查看，作业后及时填写	作业前不查看、作业后不及时填写每次扣1分	2			
本项目得分				100			
日期：							

九、课后练习

（1） 试阐述行驶系的组成、功用、类型？

（2） 独立悬架与非独立悬架的区别是什么？分别对汽车的平顺性起着什么样的作用？

（3） 悬架常见的故障有哪些？引起的原因分别是什么？分别应如何排除？

项目七　转向系的拆装与检修

一、情景导入

1. 情境描述

一辆五菱之光微型汽车进厂修理，客户反映：汽车在转向时出现转向不灵敏且沉重，甚至方向盘抖动，需对转向系进行检修。

2. 问诊信息

问诊信息表如表7-1所列。

表7-1 问诊信息表

客户姓名		车型及年款	
驾驶员姓名		车架号	
车辆入厂日期		发动机型号	
牌照号码		里程表读数	
制动方式		手刹类型	

二、实训要求

（1）时间要求：建议8学时。

（2）质量要求：在满足厂家的生产规范及质量要求前提下，能够熟练快速地诊断与排除故障。

（3）安全要求：严格按照安全操作规程进行项目作业。

（4）文明要求：自觉按照文明生产规则进行项目作业。

（5）环保要求：努力按照环境保护要求进行项目作业。

三、技能及素养目标

（1）能合理选择并熟练使用各种相关维修工具；

（2）具有安全操作和环保意识；

（3）能根据检测结果分析并排除故障；

（4）能够掌握汽车转向系的功用和组成；

（5）掌握转向操纵机构和转向器的拆装；

（6）能够正确进行机械转向系统的拆装；

（7）具有团队协作精神和组织沟通能力。

四、实训准备

1. 车辆、工具、设备准备

（1）车辆：五菱之光微型车。

（2）普通工具：组合工具、扭力扳手、锤子、基杆、压力机、铜棒。

（3）专用工具：拆装工具组件、手柄组件、拉器、轮式千斤顶。

（4）检测工具：前轮定位仪、弹簧秤、游标卡尺、百分表、塞尺、标准规、内径千分尺、百分表。

2. 相关耗材准备

齿轮油、滑动滚珠轴承、油封、通用润滑脂、滚锥轴承、密封胶（五菱原厂黏合剂与密封胶或同等产品）、O形密封圈、抹布、黏合剂、机油、手套等。

3. 作业前准备工作

（1）汽车进入工位前，将工位清理干净，准备好相关的器材。

（2）将汽车停驻在举升机中央位置。

（3）利用驻车制动系统将汽车可靠地制动住，将变速杆推入最低的前进挡。

（4）用举升机将汽车举起，并用安全支架支撑好车辆。

（5）两人配合，其中1人在车下观察，一人在车上转动转向盘。

（6）朝一个方向缓慢制动转向盘至转向轮刚刚转动时，停止转动转向盘，记下转向盘的位置A；朝相反方向缓慢制动转向盘至转向轮刚刚转动时，停止转动转向盘，记下转向盘的位置B；测量由位置A至位置B转向盘所转过的转角。

（7）一人在车上左右转动转向盘，另一人在车下观察转向传动机构中各连接球头销的工作情况。

五、教学组织

1. 教学组织形式

本课程为“工艺化”实训课，实训教师1名，学生24名，实训室共有6个实训工位，按照每6人1个工位编组。

2. 学生的站位分工和要求

学生按规定的工位站立，两名学生一组，轮流进行，按教师的指令分工协作、实行角色轮换制进行操作。

3. 实训教师职责

播放教学视频，并讲解实训任务的操作步骤和相关注意事项；做好学生角色轮换分工。下达操作口令；巡视、检查、指导和纠正学生操作中的错误；课堂总结；组织学生对实训场地及设备进行清洁、整理。

4. 学生职责

认真观看教学视频；完成教师布置的任务；做好课后的清洁、整理工作。

六、基本操作项目

（一）转向器的拆装

1. 转向器的拆卸

（1） 从转向轴万向节处拆去连接螺栓，从转向器壳体的通气嘴处拆下通气胶管，拆去齿条与直拉杆的连接螺栓，拧下转向器壳体上的三个连接螺栓，即可从车身拆下转向器，如图7-1所示。

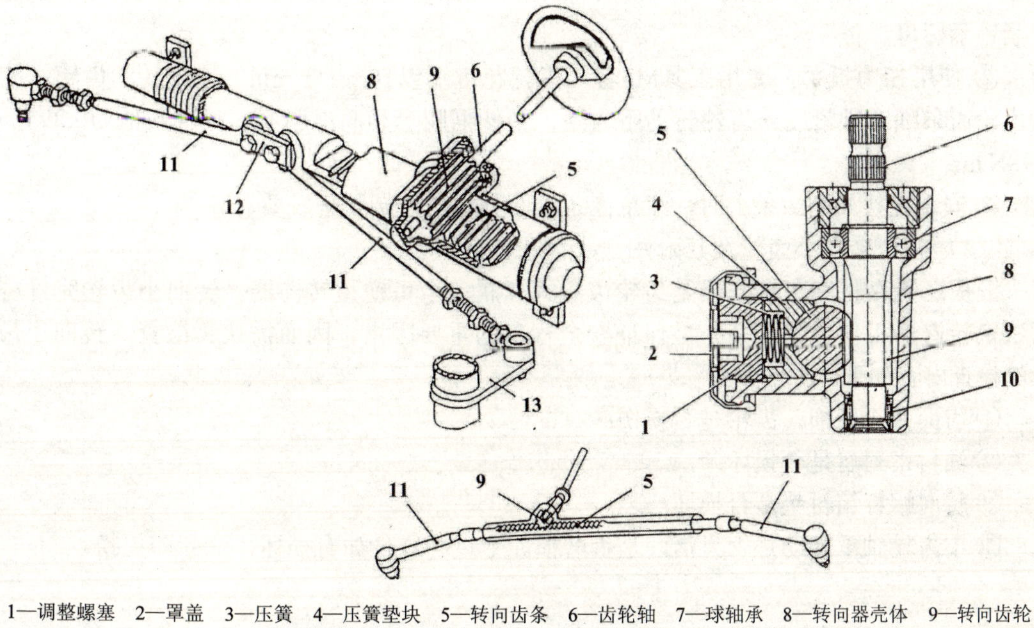

1—调整螺塞　2—罩盖　3—压簧　4—压簧垫块　5—转向齿条　6—齿轮轴　7—球轴承　8—转向器壳体　9—转向齿轮　10—滚柱轴承　11—转向横拉杆　12—拉杆支架　13—转向节

图7-1 齿轮齿条式转向器

（2） 分解和检查转向器。

① 将转向器轻轻夹在虎钳上（钳口应垫以软铝皮或紫铜皮之类的保护物，并要夹在壳体的安装位置，夹其他位置可能使壳体损坏或变形）。

② 拧松锁紧螺母，用专用套筒扳手拆下调整螺塞取出调节弹簧，缓冲胶圈，调整模块等件。

③ 拆去塑料紧箍带、防尘胶套及伸缩胶套，拉出齿条（齿轮组件不要拆下）。

（3） 检查。

① 转向器是否有明显的故障或损坏。

② 检查齿条导套与齿条的间隙（间隙＝导套直径－齿条直径），其标准值为0.007～0.073mm。

③ 检查调节弹簧的弹力状况及弹簧的自由长度。自由长度标准值为13±1mm，不合适应更换。

④ 防尘胶套及伸缩胶套是否损坏或老化，不合适应更换。

⑤ 通气管有否堵塞，如堵塞会影响转向器转动的灵活性。

2. 安装转向器

（1） 装配时在齿条表面、导套等处涂上润滑脂，在壳体内腔注以适量润滑脂。

（2） 装防尘胶套和伸缩胶套时，与转向壳体的接触面要涂上半干性密封胶，更换塑料紧箍带。

（3） 齿轮齿条啮合预紧度的调整程序如下：

① 转动齿轮使齿条处于伸缩运动的中间位置，使用扭力扳手和专用套筒将调整螺塞拧到7～15N·m，然后退回30° ～40° ，然后保持螺塞位置不变，再用25～49N·m的扭矩拧紧锁紧螺母。

② 使用扭力扳手，专用工具M5套入齿轮花键端以10～15r/min的速度转动齿轮，测量齿轮齿条啮合预紧度（齿轮转动阻力矩，带伸缩胶套和润滑脂），标准数值为0.294～0.98N·m。

③ 安装连接叉到齿条上时，注意齿条端面刻线与连接叉刻线要对齐。

（4） 检查转向小齿轮及其附件

五菱之光微型汽车转向器是齿轮齿条式，属完全可逆型转向器，转向小齿轮完好程度决定转向器工作质量，其亦是保证安全行车的重要因素，因而需认真检查。转向小齿轮的检查内容如下。

① 齿面是否磨损，齿轮是否损伤；

② 油封密封唇是否损坏；

③ 转向蜗杆箱衬垫是否损坏；

④ 小齿轮轴承转动是否灵活，是否磨损。上述各零件如有损坏，应立即更换。

（二）方向盘自由行程的检测与调整

1. 检查转向盘间隙

（1） 将前轮转动正前方位置。

（2） 轻轻左右拨动转向盘直到前轮转动为止。轿车的自由行程一般为20～30mm。转向盘间隙的检查方法如图7-2所示。

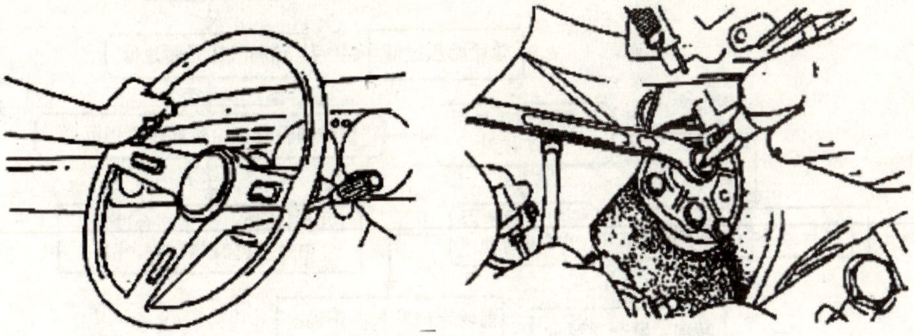

图7-2 检查转向盘间隙的方法

2. 调整转向盘间隙

（1） 前轮转动正前方为止。

（2） 调整螺栓的锁紧螺母。

（3） 若自由间隙太大，则拧紧扇形齿轮轴调整螺母，反之则放松。

（4） 紧固锁紧螺母。

七、拓展项目

（一）转向盘常见故障诊断与排除

1. 转向沉重故障的诊断分析

（1） 顶起前桥，转动转向盘，若感到转向盘变轻，则说明故障部位在前桥、车轮或其他部位。

此时应首先检查轮胎气压，如气压偏低，则应充气使之达到正常值，接下来应用前轮定位仪检查前轮定位，尤其应注意后倾角和前束值，如果是因为前束值过大造成的转向沉重，同时还能发现轮胎有严重的磨损。

（2） 若转向仍感沉重，说明故障在转向器或转向传动机构，可进一步拆下转向摇臂与直拉杆的连接，此时若转向变轻，说明故障在转向传动机构。

可用手扳动两个车轮左右转动察看各传动部分，并转动车轮检查车轮轴承松紧度。

（3）拆下转向摇臂后，若转向仍沉重，则转向器本身有故障。

（4）经过上述检查，如仍不见减轻。可检查车桥、车架或下控制臂（独立悬架式）与转向节臂，看其有无变形，如发现变形，应予修整或更换。同时检查前弹簧（板簧或螺旋弹簧），看其是否折断，如有折断则应更换。

转向沉重故障原因的诊断流程如图7-3所示。

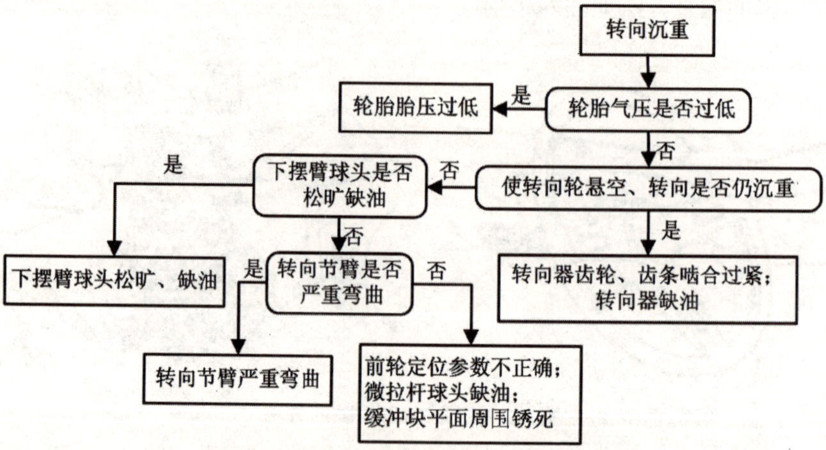

图7-3 转向沉重故障原因的诊断流程图

2. 低速摆头（抖动）故障的诊断分析

（1）外观检查。

① 检查车辆是否因装载货物超长而引起前轮承载过小。

② 检查后轮胎气压是否过低，若轮胎气压过低，应充气使之达到规定值。

③ 检查前悬架弹簧是否错位、折断或固定不良，若错位应拆卸修复；若折断应更换；若固定不良，应按规定力矩拧紧。

（2）检查转向盘自由行程。

① 由一人握紧转向摇臂，另一人转动转向盘试验，若自由行程过大，说明转向器啮合传动副间隙过大，应调整。

② 放开转向摇臂，仍由一人转动转向盘，另一人在车下观察转向拉杆球头销，有无松旷现象

③ 通过以上检查均正常，可支起前桥，并用手沿转向节轴轴向推拉前轮，凭感觉判断是否松旷。若有松旷感觉，可由另一人观察前轴与转向节连接部位。

若此处松旷，说明转向节主销与衬套的配合间隙过大或前轴主销孔与主销配合间隙过大，应更换主销及衬套。若此处不松旷，说明前轮毂轴承松旷，应重新调整轴承的预紧度。

转向轮抖动故障原因的诊断流程如图7-4所示。

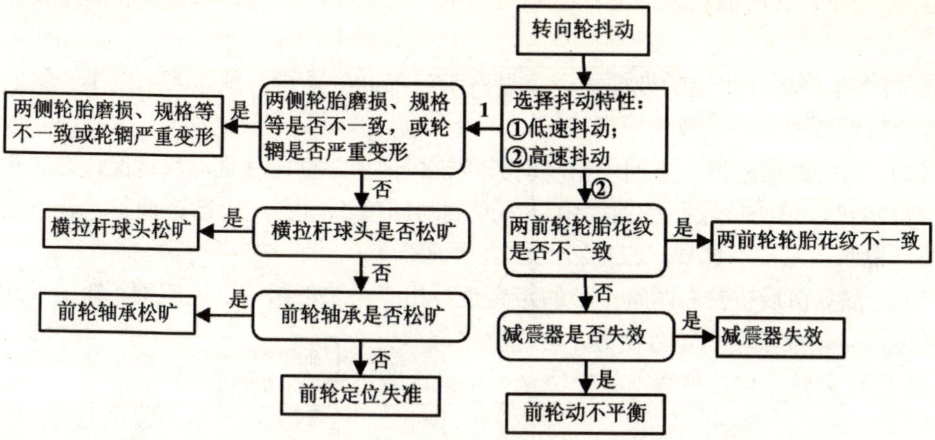

图7-4 转向轮抖动故障原因的诊断流程图

3. 高速摆头（抖动）故障的诊断与排除

（1） 外观检查。

① 检查减震器是否失效，若漏油或失效，应更换。

② 检查左右悬架弹簧是否折断、刚度是否一致，若有折断或弹力减弱，应更换。

③ 检查悬架弹簧是否固定可靠，转向传动机构有无运动干涉等，若有应排除。

（2） 检查转速。

支起驱动桥，用三角架塞住非驱动轮，启动发动机并逐步使汽车换入高速挡，使驱动轮达到车身摆振的车速。

① 若此时车身和转向盘出现抖动，说明传动轴严重弯曲或松旷，转向轮动不平衡或偏摆量大（前驱动）。

② 若此时车身和转向盘不抖动，说明故障在车架、车桥变形或前轮定位不正确。

（3） 检查前轮是否偏摆。

① 支起前桥，在前轮轮辋边上放一划针，慢慢地转动车轮，察看轮辋是否偏摆过大，若轮辋偏摆量过大（具体极限值根据轮辋说明书），应更换。

② 拆下前轮，在车轮动平衡仪上检查前轮的动平衡情况，若不平衡量过大，应加装平衡块予以平衡。

（4） 经上述检查均正常，应检查车架、车桥是否变形，并用前轮定位仪检查调整前轮定位。

4. 行驶跑偏故障的诊断分析

（1） 外观检查。

① 检查左、右两前轮轮胎气压是否一致，若不一致，应按规定充气，使两前轮轮胎气压保持一致。

② 检查左、右两前轮轮胎的磨损程度，若磨损程度不一致，应更换磨损严重的轮胎。

③ 检查左、右两前轮轮胎的花纹是否一致，若花纹不一致，应更换轮胎，使花纹一致。

④ 将汽车停放在平坦的地面上，查看汽车前部高度是否一致，若高度不一致，说明悬架弹簧折断或弹力不一致，应更换。

（2）用手触摸跑偏一方的车轮制动鼓和轮毂轴承部位，感觉温度情况。若感觉车轮制动鼓特别热，说明该轮制动器间隙过小或制动回位不彻底，应检查调整。若感觉轮毂特别热，说明该轮轴承过紧，应重新调整轴承预紧度。

（3）测量前后桥左右两端中心的距离是否相等，若不相等，说明轴距短的一边钢板弹簧错位，车轴或半轴套管弯曲等，应检查维修。

（4）用前轮定位仪检查前轮定位是否正确，若不正确，应调整。

5. 单边转向不足故障的诊断分析

① 若汽车转向原来良好，由于行驶中的碰撞而造成转向角不足或一边大一边小时，应检查直拉杆、前轴、前钢板弹簧有无变形和中心螺栓是否折断等情况。

② 若维修后出现转角不足，可架起前桥，先检查转向摇臂安装是否正确。将转向盘从左边极限位置转到右边极限位置，记住总圈数，再回转总圈数的一半，察看转向轮是否处于直线行驶位置，如不是则应重新安装转向摇臂。

③ 若左右转向角不等，则应相应调整。

④ 当前轮转向已靠到转向限位螺栓时，最大转向角还不够，则转向限位螺栓过长，应予调整或更换。

⑤ 如前钢板弹簧中心不对称，则应检查是否装反。

（二）转向传动机构拆装

1. 转向传动连接杆拆卸

（1）从扇形齿轮轴上拆下摇臂。

① 用拉器拆下摇臂。

② 确信摇臂和扇形齿轮轴上的定位标记对准，如图7-5所示。

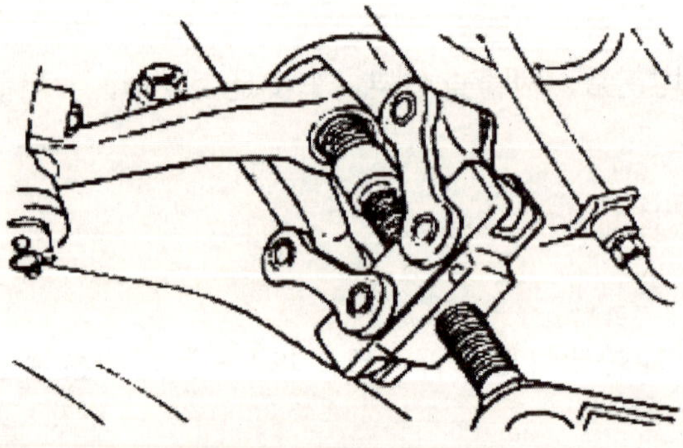

图7-5 对准定位标记

（2） 从车身上拆下随动臂座。

拆下随动臂座的方法如图7-6所示。

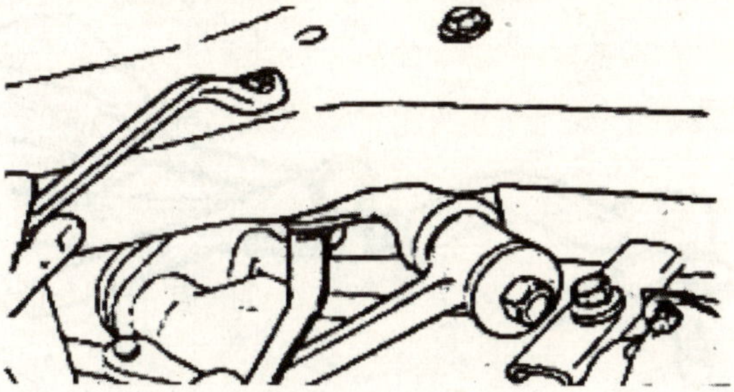

图7-6 拆下随动臂座

（3） 从转向节臂上拆下横拉杆。

① 拆下开口销拧下锁母。

② 用拉器拆下球头。

注意：

在装拉器时要小心不要损坏球头的防尘罩。

（4） 从车上拆下连杆总成。

拆下连杆总成的方法如图7-7所示。

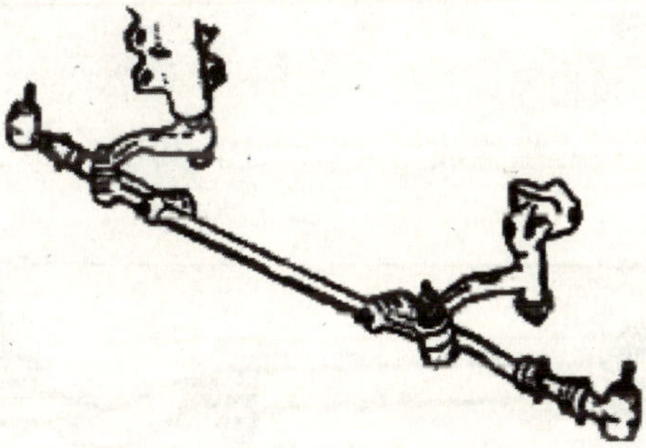

图7-7 拆下连杆总成

（5） 从中继杆上拆下摇臂、随动臂和横拉杆

用拉器拆下拉杆球头的方法如图7-8所示。

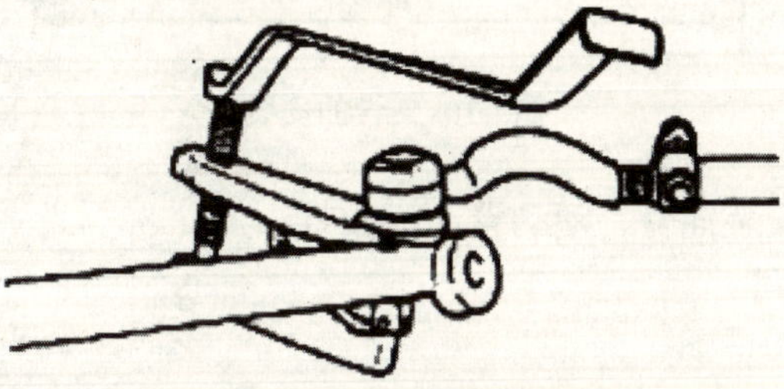

图7-8 用拉器拆下拉杆球头

（6） 拆下横拉杆端头。

拧下横拉杆端头，调整锁紧螺栓的方法如图7-9所示。

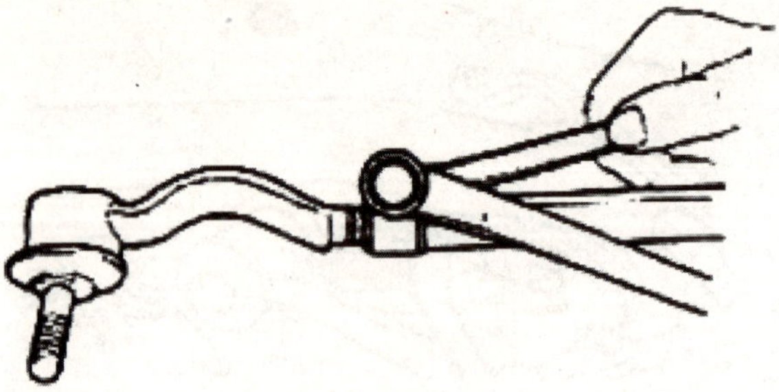

图7-9 调整锁紧螺栓

（7） 检查分解部分。

检查下列项目：

① 球头的自由间隙；

② 随动臂衬套的损坏或磨损；

③ 球头防尘罩的损坏或磨损；

④ 摇臂、横拉杆、随动臂、中继杆的损坏。

2. 转向传动连接杆安装

（1） 横拉杆端头的安装。

① 左右调节杆的长度必须相等。

② 当安装夹管时，要将夹心螺栓放到夹管缝中，如图7-10所示。

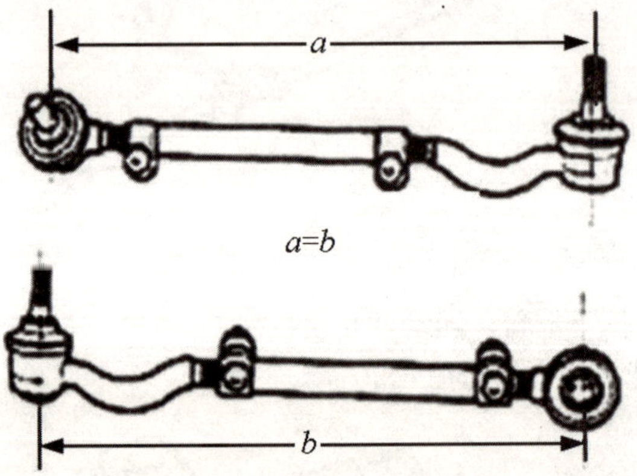

图7-10 夹管的安装

（2） 在中断杆上安装摇臂、随动臂、横拉杆。

① 左右拉杆长度相等；

② 确定管能转动；

③ 装上新的开口销，如图7-11所示。

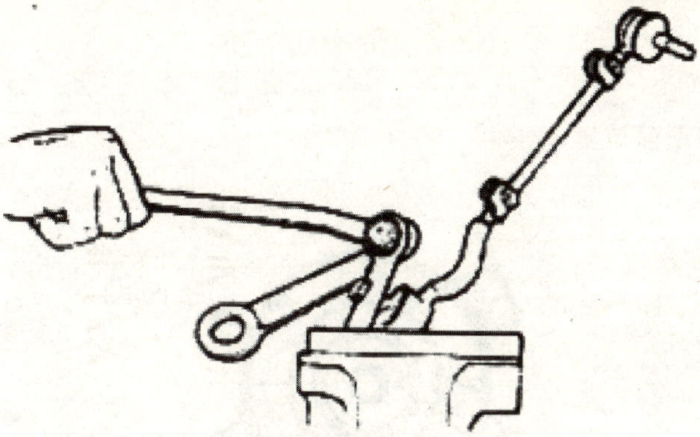

图7-11 安装开口销

（3） 在转向节臂上安装横拉杆。

安装横拉杆，如图7-12所示。

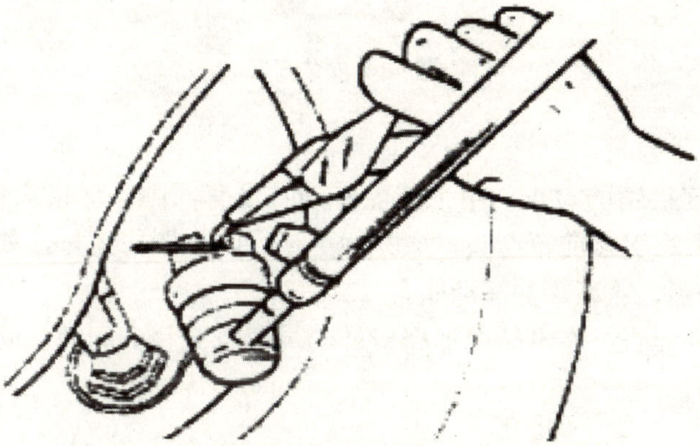

图7-12 安装横拉杆

（4） 随动臂支座装在车身上，如图7-13所示。

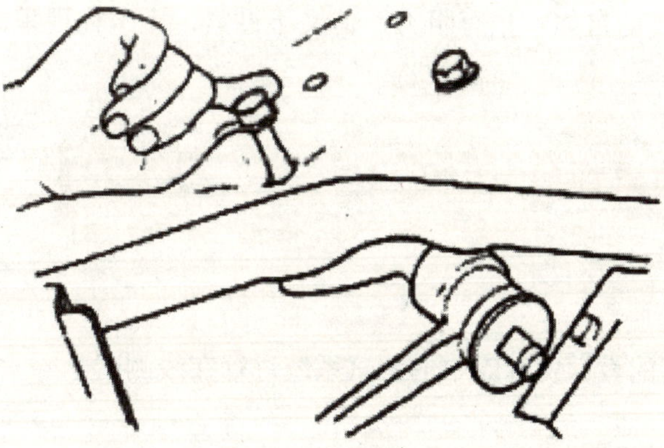

图7-13 安装随动臂支座

（5） 摇臂装在扇形齿轮轴上，如图7-14所示。

① 定位标记。

② 检查转向角。

③ 检查转向轮的正前位置。

④ 调整前束。

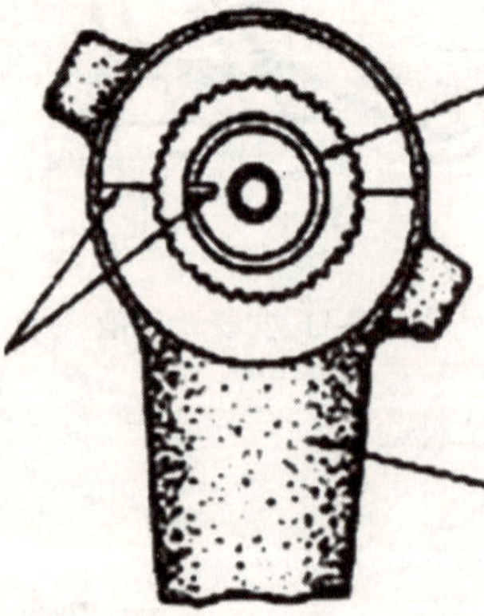

图7-14 安装摇臂

维护时应做以下检查：

① 球头销、连接销的检查：用手应能转动且没有间隙，球接头启动力标准值为1～3N·m。如间隙过大将引起前轮摆头，应立即更换。防尘罩应完好，如损坏应立即更换，并把泥土清除干净后，重新添加润滑脂。

② 转向摇臂的检查：左右转向摇臂应转动灵活且无径向间隙，间隙过大将引起前轮摆头，转向盘发抖。

3. 调整纵横拉杆球头销的松紧度

① 取出用于锁紧调整螺塞的开口销，用偏置螺丝刀把螺塞拧到底，使弹簧座压紧球头碗，然后再将螺塞退回1/4～1/2圈，直到能插上开口销为止。

② 此时球头应转动自如，稍有阻力，但又不过紧，无卡住现象。装复开口销并锁止牢固。

八、学习效果评价

1. 理论评价

用与本教材配套的教学资源库中的考试系统进行在线测试。

2. 技能评价

技能评价评分表如表7-2所列。

表7-2 技能评价评分表

姓名：	学号：		用时：				
考核项目	评分项目		评价标准	分值	学生自评	学生互评	教师评价
时间要求（5分）	按规定时间完成项目		未按时完成扣5分	5			
项目及要求（70分）	五菱汽车转向器的拆装		① 按顺序拆装 ② 要调整啮合预紧度 ③ 安装连接叉到齿条上时要对齐记号	30			
	方向盘自由行程的检测与调整		① 会检测方向盘自由行程 ② 会调整方向盘自由行程	20			
	常见故障诊断与排除		熟悉转向系常见故障诊断流程	5			
	转向传动机构拆装		① 按顺序拆装 ② 知道各部件的检测位置和要求 ③ 各摩擦处要加注黄油 ④ 要调整各球头的预紧度 ⑤ 调整前轮前束	15			
着装等情况（10分）	工作着装	干净整洁，无配饰	未按工作要求着装扣1分	2			
		穿着工作鞋	未穿工作鞋扣1分	1			
	作业中	工作台摆放	摆放无序扣 1分	1			
		量具放置	随意摆放一次扣1分	1			
		工具车及工具及时复位	不及时复位扣1分	2			
	车辆零件及时清洁	场地清洁	清洁不到位扣1分	1			
		废弃物处理	不按要求处理废弃物扣1分	1			
		设备等清洁归位	未清洁设备及归位扣1分	1			
工作安全（10分）	整体操作中	作业操作	操作姿势不正确扣1分操作不规范扣1分	3			
		设备使用	操作不规范	5			
		操作中人身损伤	出现人身损伤，总分计0分	2			
		重大安全事故	出现重大事故停止操作，总分计0分				
工单填写情况（5分）	工单填写	整齐如实填写	未如实填写每次扣1分	3			
		作业前查看，作业后及时填写	作业前不查看、作业后不及时填写每次扣1分	2			
本项目得分				100			
日期：							

九、课后练习

（1） 简述汽车转向系的功用组成及类型。

（2） 常见转向器的主要调整项目有哪些？如何调整？

（3） 简述转向操纵机构的组成。

（4） 与独立、非独立悬架配用的转向传动机构各有什么特点？

（5） 试分析汽车转向系常见故障的产生原因及诊断排除方法。

（6） 简述动力转向系统的功用。